이건 무슨 곤충일까?

코스모스 출판 지음 * 배명자 옮김

집 앞에서 만날 수 있는 곤충 82종

생각의집

차 례

이 책의 곤충과 벌레들은 친척 관계로 분류되었어요.
그림과 비교해 보고 올바른 종을 찾아보세요.

나비와 잠자리

공작나비
14

쐐기풀나비
15

붉은제독나비
16

작은멋쟁이나비
17

은줄표범나비
18

양배추흰나비
19

멧노랑나비
20

연푸른부전나비
21

점박이나방
22

꼬리박각시
23

주홍박각시
24

불나방
25

큰노랑뒷날개나방
26

참나무나방
27

감마밤나방
28

화랑곡나방
29

남부호커
30

넓은배잠자리
31

말발굽실잠자리
32

딱정벌레와 노린재

녹색딱정벌레
33

배물방개붙이
34

방아벌레
35

유럽대왕반날개
36

반딧불이
37

일반붉은군인딱정벌레
38

칠성무당벌레
39

빵딱정벌레
40

송장벌레
41

쇠똥구리
42

유월떡정벌레
43

장미풍뎅이
44

사슴벌레
45

가문비나무좀
46

붉은산꽃하늘소
47

밤바구미
48

소금쟁이
49

녹색방패벌레
50

별노린재
51

송장헤엄치게
52

맵시벌
53

꿀벌, 땅벌, 개미, 파리 →

말벌
54

독일땅벌
55

참나무당즙말벌
56

서양뒤영벌
57

가위벌
58

뒤쪽에는 메뚜기, 집게벌레, 좀벌레, 거미류, 등각류, 다족류가 있어요.

붉은메이슨꿀벌
59

꿀벌
60

보라색목수꿀벌
61

털개미
62

홍개미
63

각다귀
64

모기
65

호리꽃등에
66

꼬리별꽃등에
67

초파리
68

재니등에
69

구리금파리
70

집파리
71

사슴이파리
72

메뚜기, 집게벌레, 종벌레

종벌레
73

삽사리
74

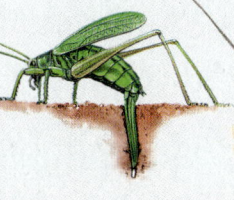
큰녹색수풀여치
75

들귀뚜라미
76

차례

출발!	10~13
나비와 잠자리	14~32
딱정벌레와 노린재	33~52
꿀벌, 땅벌, 개미, 파리	53~72
메뚜기, 집게벌레, 좀벌레	73~85
거미류, 등각류, 다족류	86~95
자연으로 탐험을 떠나요!	96~111

다리 **10**개 이상 : 쥐며느리, 노래기, 돌지네

- 돌지네 95
- 쥐며느리 93
- 노래기 94

다리 시계

다리 **8**개 : 거미, 진드기, 통거미

- 통거미 91
- 진드기 92
- 늑대거미 89

다리 **6**개 : 곤충, 메뚜기, 벌, 개미, 딱정벌레, 나비, 노린재, 매미, 집게벌레

- 홍개미 63
- 호리꽃등에 66
- 녹색방패벌레 50
- 작은멋쟁이나비 17
- 녹색딱정벌레 33

이 책에 소개된 곤충과 벌레를 다리 수로 구분할 수 있어요. 이때 '다리 시계'가 도움이 될 거예요. 곤충이나 벌레를 발견하면 조심스럽게 다리 수를 세어보세요. 그리고 다리 시계와 비교해 보세요.

딱정벌레 기초분류

몸의 구조를 보면, 딱정벌레의 종류를 쉽게 분류할 수 있어요. ☞ S.104

딱정벌레
녹색딱정벌레
33

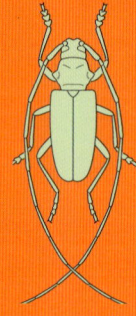

하늘소
붉은산꽃하늘소
47

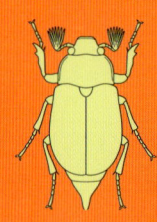

풍뎅이
유월딱정벌레 장미풍뎅이
43   44

개미붙이
딱정벌레

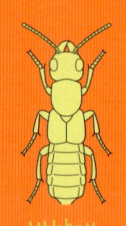

반날개
유럽대왕반날개
36

주의 : 혼동하지 마세요

딱정벌레 & 노린재

날개가 완전히 덮여 있어요

깨물 수 있는 집게

삼각형 형태의 딱지날개

막대기 모양의 주둥이

날개가 완전히 덮여 있지 않아요

땅벌 & 꽃등에

쉴 때 날개를 몸 가까이 살짝만 펼쳐요

길고 좁은 눈

머리, 가슴, 배의 구분이 명확해요

크고 둥근 눈

쉴 때 날개를 양옆으로 활짝 펼쳐요

머리, 가슴, 배의 구분이 덜 명확해요

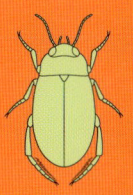

물방개
배물방개붙이
34

바구미
밤바구미
48

무당벌레
칠성무당벌레
39

잎벌레
감자잎벌레

나무껍질딱정벌레
가문비나무좀
46

곤충을 좋아하는 친구들, 안녕!

이 책은 주변에서 흔히 볼 수 있고 알아두면 좋을 곤충과 거미, 그 밖의 벌레들을 소개할 거예요. 곤충과 벌레는 정원, 공원, 숲, 초원, 들판, 시냇물, 연못, 호수 안팎, 마당, 집안, 어디에나 다 있어요. 다리 개수만 헤아리면 거미나 다른 벌레와 곤충을 쉽게 구별할 수 있어요. 다리가 여섯 개인 건 모두 곤충이에요.

찾아보기 쉽게 만들었어요

쪽마다 맨 위에 색깔 띠가 있어서 기어 다니는 여러 곤충과 벌레를 종류에 따라 찾아보기 쉬워요. 구별하기 쉽게, 친척 관계로 비슷하게 생긴 것들을 같은 색깔로 묶었어요.

나비와 잠자리

딱정벌레와 노린재

꿀벌, 땅벌, 개미, 파리

메뚜기, 집게벌레, 좀벌레

다리가 여섯 개인 곤충들

곤충이 아닌 것들
거미류, 등각류, 다족류

색 띠에는 각 장에서 소개되는 곤충과 벌레들이 그려져 있어요.

또한, 쪽마다 다음의 그림들을 발견할 수 있는데,

이런 그림 옆에 적힌 내용은, 해당 곤충이나 벌레를 어디에서 볼 수 있는지, 숲인지 풀밭인지, 흔히 볼 수 있는지 아니면 보기 드문지 알려줄 거예요.

센티미터 단위의 몸길이 정보 이외에, 곤충과 벌레들의 크기를 대략이나마 짐작할 수 있도록 그림을 넣어 두었어요. 이 그림을 통해 해당 곤충이나 벌레가 작은지, 중간 크기인지, 아니면 큰지 알 수 있어요.

이 그림은 해당 곤충과 벌레가 1cm보다 작다는 뜻이에요. 예를 들어 진딧물이나 초파리는 바느질 핀에 달린 구슬 크기만 해요.

이 그림이 있으면 해당 곤충과 벌레는 최대 2.5cm로 손톱 크기만 해요. 무당벌레나 쥐며느리가 여기에 속해요.

이 그림은 2.5cm 이상인 곤충과 벌레를 가리켜요. 별박이왕잠자리와 말벌이 이런 큰 곤충에 속해요.

쪽마다 맨 아래에 있는 색깔 자는 각각의 곤충과 벌레를 언제 관찰할 수 있는지 알려줘요. 예를 들어 꿀벌은 겨울에도 따뜻한 날이면 날아다녀요. 그래서 1월부터 12월까지 1년 내내 관찰할 수 있어요. 하지만 은줄표범나비는 달라요. 이 나비는 6월부터 9월까지만 날아다녀요.

커다란 그림은 곤충과 벌레의 생김새를 보여줘요. 전형적인 특징을 더 명확히 알아볼 수 있도록, 몇몇 신체 부위는 설명도 적어두었어요. 이 그림은 실제 크기와 다르니 오해하지 마세요. 실제 크기를 알려면 센티미터 단위의 몸길이 정보를 확인하세요.

하늘색 쪽지의 **알아둬야 할 중요한 사실!**에는 곤충과 벌레에 관한 흥미로운 추가정보가 있어요. 초록색 쪽지의 **자세히 보아요!**와 노란색 쪽지의 **같이 해봐요!**는 관찰을 위한 조언과 직접 해 볼 때 필요한 정보를 줘요. 주황색 쪽지의 **놀라운 사실!**에서는 깜짝 놀랄 만한 소소한 지식이나 기록 등을 읽을 수 있어요.

붉은색 쪽지의 **조심해요!**는 아프게 물거나 쏠 수 있는 곤충과 벌레를 알려줘요. 이런 곤충과 벌레는 절대 손으로 만지거나 집어선 안 돼요. 물리거나 쏘였을 때 알레르기 반응을 보일 수 있는데, 그러면 반드시 병원에 가야 해요.

조심해요!

곤충, 거미, 그 밖의 다른 기어 다니는 벌레들은 대체로 연약해요. 조심하지 않으면 여러분은 아주 쉽게 이들을 다치게 하거나 심지어 죽게 할 수 있어요. 그러니 살살 만지고, 아주 조심해서 손에 올려야 해요. 주의 깊게 다루고, 놀라지 않게 조심해야 해요. 제일 좋은 건, 눈으로만 관찰하고 만지거나 잡지 않는 거예요.

곤충일까 거미일까?

다리 수만 헤아리면, 이 질문에 아주 쉽게 답할 수 있어요. 곤충은 다리가 여섯 개이고, 거미는 항상 여덟 개예요. 등각류와 다족류의 다리는 여덟 개가 넘고 그래서 곤충도 아니고 거미도 아니에요.

다리 개수 외에 차이점이 또 있어요. 곤충의 몸은 세 부분으로 이루어졌어요.

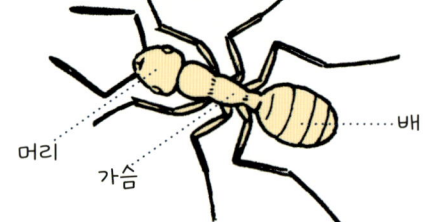

머리 · 가슴 · 배

다리와 날개가 있는 곤충이라면, 다리 세 쌍과 날개가 가슴에 있어요. 반면, 거미의 몸은 두 부분으로 이루어졌어요. 앞부분(머리)과 뒷부분(배). 앞부분에 머리와 다리 네 쌍이 있어요.

그리고 그 외...

여러분은 틀림없이 곤충, 거미, 그 밖의 기어 다니는 벌레의 이름을 알아낼 뿐 아니라, 흥미진진한 일을 경험하고 체험하고 싶을 거예요. 그렇다면 96쪽부터 111쪽까지를 보세요. 거미가 어떤 다양한 사냥전략을 발달시켰는지 혹은 어떻게 하면 곤충 호텔을 만

들 수 있는지 읽을 수 있어요. 또한, 어떤 곤충과 거미가 물속에 사는지 혹은 곤충이 어떤 놀라운 세계 기록을 세웠는지도 알 수 있어요.

자연으로 출발!

집안과 정원, 공원과 숲 그리고 풀밭에서 여러분은 이 책에 나오는 곤충, 거미, 그 밖의 기어 다니는 벌레 대부분을 만날 수 있어요. 하지만 이 책에 소개되지 않은 작은 벌레들을 틀림없이 훨씬 더 많이 발견할 거예요. 세상에는 아주 많은 다양한 곤충과 벌레들이 있기 때문이죠.

이 책만 있으면 곤충과 벌레들을 알아보는 데 충분해요. 하지만 돋보기가 있으면 중요한 특징을 더 자세히 관찰할 수 있어요. 그리고 뭔가를 기록하고 싶다면, 연필과 종이를 챙기세요.

돋보기

자, 이제 자연으로 나가서 직접 체험하며 즐거운 시간을 만끽하세요!

나비와 잠자리

공작나비

이 곤충은 한눈에 알아볼 수 있어요. 가장 잘 알려진 나비이기도 하고요. 공작나비는 성충이 되어 실내에서 겨울을 나기 때문에 3월 초에 벌써 볼 수 있어요. 이른 봄에 햇볕 아래 앉아 날개를 활짝 펴고 온기를 충전하는 모습을 관찰할 수 있어요.

놀라운 사실!

날개의 커다란 무늬는 마치 동그란 눈처럼 보여요. 공작나비는 이런 무늬를 이용해 새와 다른 천적을 속여요. 커다란 눈을 보고 훨씬 큰 동물이라 여기고 지레 사냥을 포기하게 만드는 거죠.

공작나비의 날개는 작은 비늘로 덮여 있어요.

공작나비는 가장 흔한 나비로 정원, 공원, 탁 트인 숲에서 볼 수 있어요. 온몸에 검정 가시가 돋은 새까만 애벌레는 쐐기풀을 먹고 자라요. 화려한 공작나비는 꽃꿀이 풍부한 부들레야 같은 꽃에 앉아 맛있게 먹어요.

날개를 활짝 폈을 때 전체 폭이 5-6cm예요.

공작나비는 3월부터 10월까지 날아다녀요.

| 1월 | 2월 | 3월 | 4월 | 5월 | 6월 | 7월 | 8월 | 9월 | 10월 | 11월 | 12월 |

쐐기풀나비

쐐기풀나비 역시 성충이 되어 겨울을 나기 때문에 2월에 벌써 머위꽃과 버드나무꽃에서 꿀을 빨아 먹어요. 암컷은 봄에 쐐기풀에 알을 낳는데, 최대 200개씩 낳아요. 알에서 나온 애벌레들은 다 같이 실을 만들어 커다란 고치 하나를 지어요. 초여름에 애벌레의 먹이인 쐐기풀을 잘 살펴보면, 이런 고치를 찾아낼 수 있을 거예요.

자세히 보아요!

쐐기풀나비는 공작나비와 마찬가지로 네 다리로만 잎과 꽃에 앉아 있어요. 앞의 두 다리는 아주 짧은데, 이것은 걷기용이 아니라 청소용이에요.

쐐기풀나비 역시 매우 흔한 나비예요. 부들레야, 과꽃, 엉겅퀴처럼 꽃꿀이 풍부한 꽃이 자라는 곳이라면 어디에서든 이 나비를 만날 수 있어요. 노란색 세로 줄무늬에 검정 가시가 돋은 애벌레는 쐐기풀을 먹고 자라요.

날개를 활짝 폈을 때 전체 폭이 4-5cm예요.

쐐기풀나비는 2월부터 10월까지 날아다녀요.

| 월 | 2월 | 3월 | 4월 | 5월 | 6월 | 7월 | 8월 | 9월 | 10월 | 11월 | 12월 |

나비와 잠자리

붉은제독나비

날개 색이 제독의 군복을 닮아, 붉은제독나비라는 이름이 붙었어요. 이 아름다운 나비는 여름에 주로 꽃꿀을 빨아먹고 가을에는 땅에 떨어진 자두나 여러 과일의 끈적한 즙을 먹어요.

알아둬야 할 중요한 사실!

3월이나 4월에 붉은제독나비를 만났다면, 그 나비는 그 지역에서 겨울을 난 거예요. 그러나 붉은제독나비 대다수는 첫서리가 내리면 죽어요. 겨울에 서리가 내리지 않는 온화한 지역에서 개별적으로 추운 겨울을 버텨내는 나비가 점점 많아지고 있어요.

붉은제독나비는 원래 남유럽에 주로 살아요. 늦봄과 여름에 종종 크게 무리 지어 알프스를 넘어 북쪽으로 올라가는데, 그러면 독일을 비롯한 중유럽에서도 정원, 꽃밭, 과수원, 숲 가장자리에서 이 나비를 볼 수 있어요.

날개를 활짝 폈을 때 전체 폭이 5-6cm예요.

붉은제독나비는 5월부터 11월까지 날아다녀요.

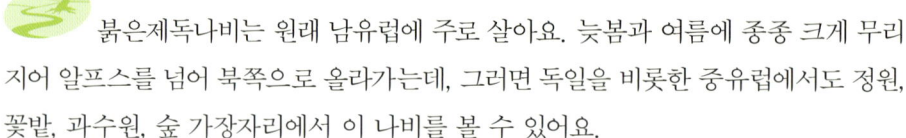

나비와 잠자리

작은멋쟁이나비

작은멋쟁이나비 역시 붉은제독나비와 마찬가지로 계절에 따라 이동하는 철나비예요. 작은멋쟁이나비는 북아프리카에서 겨울을 보내고, 봄에 지중해 지역으로 와서 풀에 첫 번째 알을 낳아요. 여기서 태어난 나비들은 큰 무리를 지어 알프스를 넘어 북쪽으로 이동해 독일로 가요. 이들 중 몇몇은 여름에 다시 남쪽으로 돌아가고, 독일에 남는 나머지 나비들은 늦가을에 첫서리가 내린 후 모두 죽어요.

같이 해봐요!

나비들은 달콤한 꽃꿀만 먹고 살지 않아요. 이들은 소금도 필요해요. 그래서 미네랄이 풍부한 흙에서 소금을 빨아먹어요. 그러니 정원에 소금을 놓아주면 좋아요.

커다란 오색나비가 미네랄을 먹고 있어요.

쐐기풀이 자라는 풀밭, 길가, 자갈밭에서 작은멋쟁이나비를 흔히 볼 수 있어요. 심지어 도시 한복판에서도 관찰할 수 있어요.

날개를 활짝 폈을 때 전체 폭이 4.5-6cm예요.

작은멋쟁이나비는 4월부터 10월까지 날아다녀요.

| 1월 | 2월 | 3월 | 4월 | 5월 | 6월 | 7월 | 8월 | 9월 | 10월 | 11월 | 12월 |

은줄표범나비

위엄이 넘치는 이 나비는 따뜻한 여름에 날아다녀요. 쌀쌀한 날에는 나무꼭대기에서 쉬어요. 암컷은 여름에 제비꽃 가까이에 알을 낳아요. 늦여름에 알에서 나온 작은 애벌레는 곧바로 서리를 피할 수 있는 안전한 피신처를 찾아, 그곳에서 겨울을 보내요. 등에 노란 줄 두 개가 있는 짙은 갈색의 애벌레는 봄이 되어야 비로소 제비꽃 잎사귀를 먹으며 나비로 자라기 시작해요.

자세히 보아요!

춤추는 은줄표범나비 두 마리를 본 적이 있나요? 아마도 짝짓기 직전에 있는 암컷과 수컷일 거예요. 수컷은 암컷 주위를 돌며 향기로운 유혹물질을 하늘에 뿌려요. 짝짓기할 때, 암컷은 나뭇가지에 앉아 자신의 배를 수컷 쪽으로 내밀어요.

햇볕이 잘 드는 숲 가장자리와 길가 그리고 숲의 공터에 등골나물, 엉겅퀴, 야생 안젤리카 그리고 다른 키 큰 꽃들이 만발하면, 은줄표범나비를 흔히 관찰할 수 있어요.

날개를 활짝 폈을 때 전체 폭이 5.5-6.5cm예요.

은줄표범나비는 6월부터 9월까지 날아다녀요.

| 1월 | 2월 | 3월 | 4월 | 5월 | 6월 | 7월 | 8월 | 9월 | 10월 | 11월 | 12월 |

양배추흰나비

밭과 정원에 심은 여러 다양한 양배추종 잎에서 양배추흰나비의 애벌레를 발견할 수 있어요. 양배추흰나비는 클로버, 개자리, 부들레야 같은 붉은색과 보라색 꽃을 가장 좋아해요. 앞날개 양쪽에 각각 점이 두 개 있으면, 암컷이에요.

양배추흰나비 암컷이 꿀을 빨아 먹고 있어요.

같이 해봐요!

채소밭에서 검정-초록 무늬의 작은 애벌레를 발견한다면, 빈 유리병에 신선한 양배추잎과 애벌레를 넣고 공기가 잘 통하는 천으로 입구를 막으세요. 이제 나비 사육장이 생겼어요. 먹이가 떨어지지 않게, 잊지 말고 양배추잎을 자주 넣어주세요!

큰양배추흰나비는 동생과도 같은 작은양배추흰나비와 마찬가지로, 채소밭과 정원에 살아요. 옛날에는 아주 흔했지만, 지금은 점점 희귀해지고 있어요.

날개를 활짝 폈을 때 전체 폭이 5-6.5cm예요.

양배추흰나비는 4월부터 10월까지 날아다녀요.

나비와 잠자리

멧노랑나비

샛노란 멧노랑나비는 가장 일찍 나타나는 나비로, 겨울에도 날이 따뜻하면 벌써 날아다녀요. 이들은 가장 먼저 꽃을 피우는 버들강아지와 머위꽃을 찾아가요. 멧노랑나비는 거의 1년을 살고 그래서 수명이 가장 긴 나비에 속해요.

놀라운 사실!

멧노랑나비는 보호막 없이 나뭇가지에 앉은 채 겨울을 나요. 머리에 일종의 부동액인 체액이 차 있어서 추운 겨울에도 얼지 않아요. 자동차의 워셔액처럼요.

암컷

수컷

잡목 숲과 생울타리가 멧노랑나비의 서식지예요. 초록색 애벌레는 대표적인 야생 관목인 감탕나무와 갈매나무 잎을 먹어요.

애벌레

날개를 활짝 폈을 때 전체 폭이 5-5.5cm예요.

멧노랑나비는 2월부터 9월까지 날아다녀요.

| 1월 | 2월 | 3월 | 4월 | 5월 | 6월 | 7월 | 8월 | 9월 | 10월 | 11월 | 12월 |

나비와 잠자리

연푸른부전나비

연푸른부전나비는 수컷과 암컷을 구별하기가 아주 쉬워요. 수컷의 날개는 빛나는 푸른색으로 검정-하양 테두리가 있고, 암컷의 날개는 푸른색이 도는 갈색이고 가장자리에 주황색 얼룩이 있어요. 연두색 애벌레가 오노시스 잎을 먹고 자라기 때문에 '오노시스 파랑나비'라고도 불려요.

암컷

수컷

놀라운 사실!

날개의 푸른색은 푸른 색소 때문이 아니라, 햇빛에 반사되어 생겨요. 그래서 여름에 햇빛이 강할 때, 날개의 푸른색이 특히 강렬하게 빛나요.

연푸른부전나비의 서식지는 아주 넓은데, 애벌레가 벌노랑이, 오노시스, 자주개자리, 토끼풀처럼 흔하디흔한 풀잎과 꽃잎을 먹고 자라기 때문이에요. 이런 풀들은 길가와 숲 가장자리, 자갈밭, 들판에서 자라요.

날개를 활짝 폈을 때 전체 폭이 2.5-3cm예요.

연푸른부전나비는 5월부터 10월까지 날아다녀요.

| 월 | 2월 | 3월 | 4월 | 5월 | 6월 | 7월 | 8월 | 9월 | 10월 | 11월 | 12월 |

점박이나방

검은색 앞날개의 붉은 얼룩 때문에 '핏방울나비'라 불리기도 해요. 머리에 달린 검은색 더듬이 끝이 코일을 감은 듯 두툼해요. 그래서 맨눈으로도 쉽게 알아볼 수 있어요.

자세히 보아요!

점박이나방은 낮에 무리를 지어 꽃잎에 모여요. 여러분이 아주 가까이 다가가도 도망가지 않고 오랫동안 꽃잎에 앉아 있을 거예요. 검정-빨강 무늬는 새와 다른 천적에게 경고 메시지를 보내요. "나는 독이 있어!" 연두색에 검은 점이 줄지어 찍힌 애벌레 역시 독이 있어요.

점박이나방은 햇빛이 잘 들고 꽃이 많이 피는 들판, 숲의 길가, 자갈밭, 심지어 해발 2500미터 높이의 산속 풀밭에서도 살아요. 30종에 달하는 가장 흔한 알락나방과에 속하는 나비예요.

몸길이는 최대 1.5cm예요.

점박이나방은 5월부터 9월까지 날아다녀요.

| 1월 | 2월 | 3월 | 4월 | 5월 | 6월 | 7월 | 8월 | 9월 | 10월 | 11월 |

나비와 잠자리  23

꼬리박각시

뚱뚱한 갈색 몸뚱이에 주황색 뒷날개를 가진 꼬리박각시는 남유럽이 고향이에요. 단 2주에 최대 3000km를 날아 알프스를 넘어 독일까지 가요. 오늘날 어떤 꼬리박각시는 추운 겨울에도 계속 독일에서 살아요. 그래서 1년 내내 이 나비를 관찰할 수 있어요. 꼬리박각시는 대개 아침과 저녁에 날아다녀요.

놀라운 사실!

꼬리박각시는 꽃잎에 내려앉지 않고도 꽃꿀을 빨아먹을 수 있어요. 마치 벌새처럼 공중에 떠서 빨대 모양의 긴 주둥이를 꽃받침에 꽂아 넣어요. 그런 방식으로 5분 안에 100송이 이상을 옮겨 다니며 꽃꿀을 먹어요.

꼬리박각시는 꽃꿀이 있는 곳이라면 어디에서나 볼 수 있어요. 발코니에 놓아둔 화분에도 찾아와요.

날개를 활짝 폈을 때 전체 폭이 3.5-5cm예요.

꼬리박각시는 1년 내내 날아다녀요.

| 2월 | 3월 | 4월 | 5월 | 6월 | 7월 | 8월 | 9월 | 10월 | 11월 | 12월 |

 나비와 잠자리

주홍박각시

주홍박각시는 해 질 무렵에 꽃꿀을 찾아 여러 꽃을 방문해요. 붉은색 바탕에 올리브색 줄무늬가 있어요. 이 밤나방은 여름에 바늘꽃, 솔나물, 푸크시아 잎에 알을 낳는데, 애벌레가 오로지 이 풀잎만 먹기 때문이에요.

놀라운 사실!

암갈색 애벌레는 최대 8cm까지 커요. 방해를 받으면 상체를 높이 올리고 머리를 잔뜩 움츠려요. 그러면 커다란 두 눈이 도드라져, 마치 작은 뱀처럼 보여요. 그렇게 새들과 다른 천적을 놀라게 해요.

주홍박각시는 숲의 공터, 길가, 정원에 매우 자주 나타나요.

 날개를 활짝 폈을 때 전체 폭이 4.5-6cm예요.

주홍박각시는 5월부터 8월까지 날아다녀요.

| 1월 | 2월 | 3월 | 4월 | 5월 | 6월 | 7월 | 8월 | 9월 | 10월 | 11월 | 12월 |

나비와 잠자리

불나방

불나방은 낮 동안 날개를 접고 나무와 풀들 사이에서 쉬어요. 이때 방해를 받으면, 이 불나방은 날개를 활짝 펴는데, 그러면 붉은 뒷날개가 드러나요. 더욱 놀랍게도 날개를 펴는 동시에 악취가 나는 독도 뿌린답니다. 밤이 되면 은신처에서 나와 여러 꽃을 방문해요.

자세히 보아요!

버드나무, 블랙손, 라즈베리에서 최대 6cm 길이의 불나방 애벌레를 발견할 수 있어요. 애벌레의 갈색 몸에 촘촘하게 털이 나 있어서, '갈색 곰'이라는 별칭을 얻었어요. 불나방 애벌레는 위험이 닥치면 죽은 것처럼 바닥으로 떨어져 몸을 동그랗게 말아요.

불나방은 아주 흔히 볼 수 있어요. 근처에 덤불이 있으면서 너무 건조하지 않은 탁 트인 장소에 살아요. 특히 숲의 공터, 숲 가장자리, 풀밭, 둑길, 정원이 그런 장소에 속해요.

날개를 활짝 폈을 때 전체 폭이 4.5-6.5cm예요.

불나방은 6월부터 9월까지 날아다녀요.

큰노랑뒷날개나방

큰노랑뒷날개나방이 벽에 붙어있을 때는 적갈색 혹은 회색의 앞날개만 보여요. 하지만 위협을 느끼면 갑자기 앞날개를 활짝 펴고, 그때 주황색 뒷날개가 드러나요. 이런 행동으로 적을 놀라게 하여 물리치려는 거예요.

자세히 보아요!

8월부터 채소, 블랙베리, 여러 다양한 잡초를 잘 살펴보면, 털 하나 없이 반질반질한 애벌레를 발견할 수 있어요. 색깔이 제각각으로 다른데, 어떤 애벌레는 갈색이고 어떤 애벌레는 녹색 혹은 심지어 노란색이에요. 이들은 풀에서 겨울을 보내고 이듬해 봄이면 최대 5cm까지 자라요. 그러면 번데기가 되었다가 큰노랑뒷날개나방으로 변해요.

 큰노랑뒷날개나방은 야행성으로 밤에 숲, 정원, 공원, 들판, 풀밭에 흔히 나타나요. 빛에 이끌려 불 켜진 방안으로 종종 날아들어요. 그래서 '집나방'이라 불리기도 해요.

날개를 활짝 폈을 때 전체 폭이 4.5-5.5cm예요.

큰노랑뒷날개나방은 6월부터 10월까지 날아다녀요.

| 1월 | 2월 | 3월 | 4월 | 5월 | 6월 | 7월 | 8월 | 9월 | 10월 | 11월 |

나비와 잠자리

27

참나무나방

참나무나방은 특히 인상적인 애벌레로 유명해요. 참나무나방 애벌레는 등에 넓은 검정 띠가 있고 아주아주 긴 털이 났어요. 또한, 쐐기풀의 가시처럼 생긴 잔털이 빽빽하게 덮여 있는데, 맨눈으로는 잘 보이지 않아요. 애벌레는 위협을 느끼면, 이 잔털을 침처럼 쏴요. 이것이 우리의 피부나 눈 혹은 폐에 도달하면, 심한 알레르기 반응을 일으킬 수 있어요. 애벌레들이 무리 지어 있는 곳을 밟으면 위험해질 수 있으니 조심해야 해요.

알아둬야 할 중요한 사실!

독일에서는 이 밤나방을 '참나무-행진벌레'라고 부르는데, 이 이름은 애벌레로 인해 생겼어요. 애벌레는 참나무 꼭대기에 달린 촘촘한 고치 안에서 살고, 저녁에 먹이를 찾으러 갈 때는 길게 줄지어 행진해요. 애벌레의 이런 행렬은 최대 10m까지 이어질 수 있어요.

조심해요!

참나무나방 애벌레와 쐐기풀 가시처럼 생긴 둥지를 멀리하세요!

 야행성 참나무나방은 참나무 숲과 참나무가 있는 공원에서 관찰할 수 있어요. 옛날에는 드물었는데 기후 변화로 점점 더 많아지고 있어요.

날개를 활짝 폈을 때 전체 폭이 약 2.5cm예요.

참나무나방은 7월부터 9월까지 날아다니고, 애벌레는 4월 중순부터 관찰할 수 있어요.

감마밤나방

감마밤나방의 앞날개는 회색 또는 갈색 바탕에 y자 형태의 흰색 무늬가 있는데, 그 모양이 그리스 문자 '감마'를 닮아 이런 이름이 붙었어요. 감마밤나방은 비록 밤나방에 속하지만, 낮에도 활동해요. 특히 늦여름과 가을에 흔히 만날 수 있어요. 꽃에 앉아 꽃꿀을 빨아먹을 때도 날개를 살짝 펴고 있는데, 언제든지 재빨리 도망치기 위해서죠.

알아둬야 할 중요한 사실!

감마밤나방은 독일에서 따뜻한 지역에서만 겨울에 살아남을 수 있어요. 이들은 남유럽에도 살고, 여름마다 수없이 많이 독일로 이동해요.

감마밤나방은 아주 흔해요. 정원, 풀밭, 들판, 휴경지에 나타나요. 연초록색 애벌레는 양배추, 민들레, 쐐기풀 등 아주 다양한 풀잎을 먹어요.

애벌레

날개를 활짝 폈을 때 전체 폭이 3.5-4cm예요.

감마밤나방은 3월부터 11월까지 날아다녀요.

| 1월 | 2월 | 3월 | 4월 | 5월 | 6월 | 7월 | 8월 | 9월 | 10월 | 11월 |

나비와 잠자리

화랑곡나방

화랑곡나방의 날개 앞부분은 회색이고 뒷부분은 암갈색 바탕에 검은색 가로 줄무늬가 있어요. 집에서 이 작은 나방을 발견하면, 견과류, 초콜릿, 밀가루, 잡곡, 건포도, 말린 과일, 차 등에서 겨우 17mm인 작은 애벌레를 수색해야 해요. 애벌레는 머리만 갈색이고 몸은 하얀색이며, 촘촘한 고치와 함께 이런 식료품에 숨어 살아요.

……쌀

자세히 보아요!

은빛으로 반짝이는 황갈색 옷좀나방 역시 여러분의 집에 숨어 살 수 있어요. 겨우 1cm인 하얀 애벌레는 모, 면, 린넨, 비단을 갉아 먹어, 옷에 구멍을 내요. 이것을 막으려면 옷장 안에 라벤더 주머니를 걸어 두면 좋아요.

화랑곡나방은 곡식 해충으로서 전 세계의 부엌, 식료품 저장고, 곡식 창고에 살아요.

날개를 활짝 폈을 때 전체 폭이 1.3-2cm예요.

화랑곡나방은 1년 내내 날아다녀요.

| 2월 | 3월 | 4월 | 5월 | 6월 | 7월 | 8월 | 9월 | 10월 | 11월 | 12월 |

남부호커

남부호커는 가장 흔히 볼 수 있는 잠자리예요. 몸통은 검정 바탕에 광택이 나는 녹색-파란색 무늬로 빛나요. 잠자리들은 쏘지도 물지도 않아요! 각각 독립적으로 움직이는 날개 네 장으로 빠르게 날 수 있고, 헬리콥터처럼 공중에 가만히 떠 있을 수 있어요. 잠자리들은 재빠른 공습 능력으로 날아가는 곤충도 잡아먹어요.

놀라운 사실

잠자리의 커다란 눈은 약 3만 개에 달하는 낱눈으로 이루어졌어요. 머리 전체를 거의 차지할 정도로 눈이 아주 커요. 그래서 잠자리는 사방을 완벽하게 볼 수 있어요.

남부호커는 모든 연못과 호수에 나타나고, 정원 연못에도 찾아와요. 이 커다란 잠자리는 물가 근처에 머물지 않고 더 멀리까지 날아가 사냥해요. 그러니 숲길에서 사냥하는 잠자리를 보더라도 너무 놀라지 마세요.

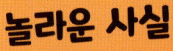 날개를 활짝 폈을 때 전체 폭이 최대 11cm예요.

남부호커는 6월부터 11월까지 날아다녀요.

| 1월 | 2월 | 3월 | 4월 | 5월 | 6월 | 7월 | 8월 | 9월 | 10월 | 11월 | 12월 |

나비와 잠자리

넓은배잠자리

배치레잠자리라고도 불리는 넓은배잠자리는 넓은 배가 눈에 띄어요. 수컷의 배는 파란색이고 암컷의 배는 노란빛이 도는 갈색이에요. 넓은배잠자리는 관찰하기 쉬워요. 수컷은 잠깐씩 날다가 물가의 같은 자리로 계속해서 돌아와 앉아요. 그곳에서 사냥감이나 짝짓기 준비가 된 암컷을 찾아요.

알아둬야 할 중요한 사실!

잠자리의 애벌레는 물속 밑바닥에 살아요. 그들은 위험한 포식자예요. 주머니칼처럼 생긴 주둥이로 올챙이와 작은 물고기 그리고 그 밖의 수생동물을 잡아먹어요. 두 살이 되면 물을 떠나 애벌레의 피부를 벗고(이것을 탈피라고 해요) 어른 잠자리가 돼요.

넓은배잠자리는 모든 물가에 나타나요. 정원에 연못을 새로 만들면, 가장 먼저 나타나는 잠자리가 바로 넓은배잠자리예요.

날개를 활짝 폈을 때 전체 폭이 6.5-8cm예요.

넓은배잠자리는 5월부터 8월까지 날아다녀요.

| 월 | 2월 | 3월 | 4월 | 5월 | 6월 | 7월 | 8월 | 9월 | 10월 | 11월 | 12월 |

말발굽실잠자리

말발굽실잠자리는 유럽에서 흔히 볼 수 있는 잠자리예요. 날씬하고 작은 이 잠자리의 배 끝에는 검은색 '말발굽' 무늬가 있어요. 그래서 이름이 말발굽실잠자리예요. 수컷은 빛나는 파란색이고 암컷은 대개 노란빛이 도는 녹색이에요.

말발굽실잠자리는 연꽃 같은 식물이 많이 자라는 연못과 호수 주변에 종종 떼를 지어 나타나요.

놀라운 사실!

모든 작은 잠자리와 마찬가지로, 말발굽실잠자리 역시 공중에서 짝짓기해요. 짝짓기를 위해 수컷은 배 끝에 달린 집게로 암컷의 목덜미를 잡고, 암컷은 자신의 배를 앞쪽으로 구부려 수컷의 허리에 대요. 이때 둘의 배가 하트 모양을 만들어요. 그 상태로 두 잠자리는 물 표면으로 날아가요. 그곳에서 암컷이 물 위에 떠 있는 잎에 알을 낳아요. 그러면 비로소 둘은 서로 떨어져요.

날개를 활짝 폈을 때 전체 폭이 4-5cm예요.

말발굽실잠자리는 5월부터 9월까지 날아다녀요.

딱정벌레와 노린재

녹색딱정벌레

머리, 가슴 그리고 길게 세로줄이 있는 딱지날개는 녹색 빛이 도는 황금색으로 반짝이고, 다리는 주황색이에요. 이 딱정벌레는 황금대장장이 혹은 황금암탉이라 불리기도 해요. 대부분의 딱정벌레와 달리 낮에 활동하기 때문에, 사냥 중인 녹색딱정벌레를 곤충 서식지에서 흔히 관찰할 수 있어요.

알아둬야 할 중요한 사실!

이 육식성 딱정벌레는 매일 자기 몸무게의 세 배를 먹어요. 곤충과 벌레 그리고 작은 동물의 송장 이외에 달팽이도 잡아먹기 때문에, 녹색딱정벌레는 정원사에게 사랑받는 아주 유용한 곤충이에요. 해충을 쫓기 위해 정원에 방충제를 쓰면, 유용한 녹색딱정벌레도 해를 입어요.

 녹색딱정벌레는 풀밭, 들판, 정원, 숲 가장자리의 땅바닥에서 살아요.

지렁이를 사냥한 녹색딱정벌레

녹색딱정벌레의 몸길이는 2-3cm예요.

녹색딱정벌레는 4월부터 8월까지 활동해요.

배물방개붙이

배물방개붙이는 가장 큰 물방개예요. 노란색 테두리가 있는 갈색 몸통과 딱지날개, 목 방패가 대표적인 특징에요. 뒷다리는 수영하기에 적합하도록 넓적하게 변했어요.

알아둬야 할 중요한 사실!

배물방개붙이는 물밑에서 작은 수생동물, 특히 올챙이와 수생곤충의 애벌레를 사냥해요. 숨을 쉬기 위해 물 밖으로 고개를 내밀고, 딱지날개 아래에 있는 산소통에 신선한 공기를 채워 다음 잠수를 준비해요. 사냥감이 별로 없어 재미가 떨어지면, 다른 물로 날아가 사냥터를 바꿔요.

 물풀이 많은 연못과 웅덩이, 정원의 연못 모두가 배물방개붙이의 서식지예요.

애벌레는 최대 80mm까지 클 수 있어요. 그들은 강력한 주둥이로 작은 갑각류와 다른 먹잇감을 물고 속살을 빨아먹어요.

 배물방개붙이의 몸길이는 2.5-3.5cm예요.

배물방개붙이는 4월부터 10월까지 활동해요.

| 1월 | 2월 | 3월 | 4월 | 5월 | 6월 | 7월 | 8월 | 9월 | 10월 | 11월 |

딱정벌레와 노린재 35

방아벌레

검정-갈색의 날씬한 방아벌레는 뒤로 자빠져 어찌할 바를 모르게 되면, 몸을 수 센티미터 높이로 튕겨 다시 뒤집을 수 있어요. 그러면 다시 여섯 발로 제대로 설 수 있죠.

알아둬야 할 중요한 사실!

방아벌레의 가느다란 갈색 애벌레는 땅속에 살아요. 그곳에서 식물 뿌리를 먹는데, 특히 정원에서 어린 채소와 꽃들의 뿌리를 갉아 먹어요. 애벌레의 공격을 받은 식물은 대부분 죽어요. 이 애벌레는 몸이 아주 딱딱해요. 그래서 정원사들은 '철사벌레'라고도 불러요. 정원에서 이 애벌레를 발견하면 조심스럽게 손에 올려 딱딱한 몸을 느껴보세요.

방아벌레는 어디에서나 만날 수 있어요. 덤불에서, 땅에서, 꽃잎과 나무줄기에서 흔히 볼 수 있어요. 위험이 닥치면 그대로 땅에 몸을 던져요. 이때 종종 뒤로 자빠진 채 떨어지지만, 걱정할 것 없어요. 몸을 튕겨 다시 뒤집으면 되니까요.

방아벌레의 몸길이는 1-1.5cm예요.

방아벌레는 4월부터 9월까지 활동해요.

| 1월 | 2월 | 3월 | 4월 | 5월 | 6월 | 7월 | 8월 | 9월 | 10월 | 11월 | 12월 |

딱정벌레와 노린재

유럽대왕반날개

날씬한 유럽대왕반날개는 언뜻 보면 딱정벌레 같지 않아요. 딱지날개가 아주 짧고, 그래서 짧은 날개류라 불리는 딱정벌레에 속해요. 유럽대왕반날개는 짧은 날개류 중에서 가장 큰 딱정벌레예요. 땅에서 달팽이와 애벌레를 잡아먹어요.

자세히 보아요!

유럽대왕반날개는 위협을 느끼면, 긴 배를 앞으로 구부려 앞뒤로 움직여요. 커다란 머리를 들고 아프게 깨물 수 있는 윗턱집게를 넓게 열어요. 또한, 방어를 위해 악취가 나는 분비물을 뿌려요.

 유럽대왕반날개는 낮에도 활동하고 활엽수 숲을 가장 좋아해요.

 유럽대왕반날개의 몸길이는 2-3cm예요.

유럽대왕반날개는 4월부터 10월까지 활동해요.

| 1월 | 2월 | 3월 | 4월 | 5월 | 6월 | 7월 | 8월 | 9월 | 10월 | 11월 | 12 |

딱정벌레와 노린재

반딧불이

후텁지근한 여름밤에 아주 작은 불꽃이 공중을 떠다니는 모습을 볼 수 있어요. 이 불꽃은 반딧불이로 더 잘 알려진 개똥벌레 수컷이 날고 있는 거예요. 반딧불이 암컷은 날개가 너무 짧아서 날 수가 없어요. 그래서 땅에서 빛 신호를 보내 수컷을 유혹해요. 반딧불이는 어른이 되면 아무것도 먹지 않아요. 애벌레만이 달팽이 같은 연체동물을 잡아 먹어요.

수컷

배의 다섯 번째와 여섯 번째 마디에 빛을 내는 발광기관이 있어요.

날개가 없는 노랑-하양 벌레가 암컷이고(왼쪽), 오른쪽이 수컷이에요.

놀라운 사실!

반딧불이의 초록색 빛은 아주 차가워요. 루시페린이라는 빛을 내는 물질이 산소와 만나면 반딧불이의 배에 있는 발광기관에서 빛이 나요. 흥미롭게도 반딧불이 알도 어둠 속에서 초록색 빛을 내요.

반딧불이는 탁 트인 활엽수 숲과 공원, 숲 가장자리와 축축한 풀밭에 나타나요. 옛날에는 흔히 볼 수 있었는데 오늘날에는 드물어졌어요.

반딧불이의 몸길이는 8-10mm예요.

반딧불이는 6월과 7월에 나타나요.

| 2월 | 3월 | 4월 | 5월 | 6월 | 7월 | 8월 | 9월 | 10월 | 11월 | 12월 |

일반붉은군인딱정벌레

더듬이가 아주 긴 빼빼 마른 이 딱정벌레는 노란색 혹은 갈색이 도는 붉은색이고, 딱지날개의 끝은 갈색이 도는 검은색이에요. 일반붉은군인딱정벌레는 꽃가루 외에 작은 곤충도 먹어요.

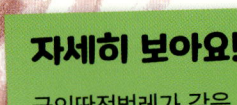일반붉은군인딱정벌레는 가장 흔한 딱정벌레예요. 꽃이 자라는 곳이면 어디에나 다 나타나요. 어수리꽃이나 산당근꽃의 새하얀 꽃 무리에서 주로 발견할 수 있어요.

자세히 보아요!

군인딱정벌레가 같은 종의 등에 올라탔나요? 그렇다면 둘은 지금 짝짓기 중인 거예요. 아래에 앉은 것이 암컷이고, 등에 올라탄 것이 수컷이에요. 짝짓기가 끝나면 암컷은 땅에 알을 낳아요. 애벌레는 이듬해 봄까지 점점 자라서 번데기를 벗고 어른 딱정벌레가 돼요.

일반붉은군인딱정벌레의 몸길이는 약 1cm예요.

일반붉은군인딱정벌레는 7월부터 8월까지 나타나요.

딱정벌레와 노린재

칠성무당벌레

이 무당벌레는 이름에서 짐작할 수 있듯이, 불룩한 붉은색 딱지날개에 검은색 점 일곱 개가 찍혀있어요. 앞가슴등판의 양옆에는 하얀색 점이 있고, 머리는 아주 작아요.

앞가슴등판

머리

놀라운 사실!

무당벌레는 열정적인 진딧물 사냥꾼이에요. 무당벌레 한 마리가 진딧물을 하루에 최대 90마리까지 잡아먹어요. 푸른빛이 도는 회색 바탕에 주황색 얼룩무늬가 있는 애벌레도 어른 무당벌레와 똑같이 진딧물을 아주 많이 먹어요. 애벌레는 어른이 되기까지 여러 주에 걸쳐 자라는 동안 진딧물을 600마리 넘게 먹어치워요. 옛날 독일 사람들은 이 벌레가 성모마리아의 선물이라고 믿었어요. 그래서 독일에서는 무당벌레를 마리아벌레라고 불러요.

칠성무당벌레는 약 80종에 달하는 무당벌레 중에서 가장 흔히 볼 수 있어요. 정원이든 도심이든 어디에나 다 있어요.

애벌레

10년 전부터 아시아 무당벌레가 유럽에도 퍼졌어요. 아시아 무당벌레는 노랑, 주황, 빨강 혹은 검은색이고 점도 0개에서 21개까지 다양해요. 그러나 앞가슴등판에 있는 검은색 W자 무늬에서 가장 쉽게 알아볼 수 있어요.

아시아 무당벌레의 애벌레

칠성무당벌레의 몸길이는 5-8mm예요.

칠성무당벌레는 1년 내내 활동해요.

| 2월 | 3월 | 4월 | 5월 | 6월 | 7월 | 8월 | 9월 | 10월 | 11월 | 12월 |

 딱정벌레와 노린재

빵딱정벌레

적갈색의 아주 작은 빵딱정벌레는 빵과 케이크 그리고 여타 과자류를 주식으로 하고, 양념류와 말린 풀도 먹어요. 그러므로 양념통과 차 보관함에서도 이 벌레를 볼 수 있어요. 숨어서 살기 때문에 주로 곡식 자루 안에서 애벌레만 발견할 수 있어요.

빵딱정벌레는 건물 전체에 널리 퍼져 사는데, 특히 부엌, 식량창고, 약국 그리고 박물관의 자연전시관에 주로 살아요.

애벌레와 번데기 옆에 있는 갈색거저리

알아둬야 할 중요한 사실!

빵딱정벌레 외에 우리의 식량에 해를 입히는 벌레가 또 있어요. 최대 2cm 길이의 갈색거저리와 겨우 1cm인 갈색-검정 수시렁이가 거기에 속하는데, 이들은 털실, 옷, 곡물을 먹어요. 갈색거저리의 갈색 애벌레는 최대 4cm 길이로, 밀웜이라고 불리는데, 어른벌레와 마찬가지로 빵, 면, 밀가루, 곡식 등, 글루텐이 들어 있는 모든 것을 먹어요.

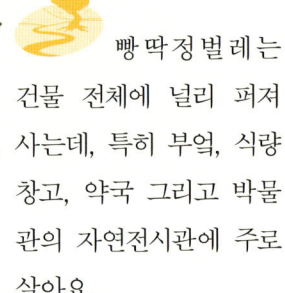

수시렁이

 빵딱정벌레의 몸길이는 2-3mm예요.

빵딱정벌레는 1년 내내 나타나요.

| 1월 | 2월 | 3월 | 4월 | 5월 | 6월 | 7월 | 8월 | 9월 | 10월 | 11월 |

딱정벌레와 노린재

송장벌레

딱지날개에 주황색 띠 두 개가 있는 시커먼 송장벌레는 죽은 동물을 먹어 자연에서 중요한 역할을 해요. 송장벌레와 그 애벌레는 죽은 쥐를 비롯해 여러 작은 동물의 송장을 먹어요. 그런 식으로 자연에서 송장을 치워줘요.

놀라운 사실!

송장벌레는 새끼를 살뜰히 아끼는 부모예요. 여럿이 협동하여 땅에 작은 동물의 송장을 묻고, 한 쌍이 대표로 그 위에 알을 낳아요. 알에서 깬 애벌레가 찌륵찌륵 울며 부모를 불러요. 그러면 부모 송장벌레는 폭 삭힌 송장을 씹어 죽처럼 만든 뒤 그것을 다시 뱉어내 새끼들을 먹여요.

송장벌레는 숲 공터의 땅바닥, 정원 그리고 그 밖의 탁 트인 장소에 나타나요. 정말로 흔한 벌레예요.

송장벌레의 몸길이는 1-2cm예요.

송장벌레는 4월부터 9월까지 나타나요.

| 2월 | 3월 | 4월 | 5월 | 6월 | 7월 | 8월 | 9월 | 10월 | 11월 | 12월 |

 딱정벌레와 노린재

쇠똥구리

쇠똥구리는 파란색 금속성 광택이 나는 힘이 센 검정 딱정벌레예요. 딱지날개는 세로로 갈라졌고, 땅 파기에 좋은 넓은 다리를 가졌어요. 종종 작은 붉은색 진드기가 쇠똥구리에 올라타, 신선한 똥 무더기로 이동해요.

알아둬야 할 중요한 사실!

쇠똥구리는 냄새를 아주 잘 맡을 수 있어요. 수컷과 암컷은 전형적인 냄새를 근거로 신선한 똥 무더기를 찾아내요. 그러면 암컷이 그 근처 땅속에 굴을 파고 저장창고 여러 개를 만들어요. 저장창고에 신선한 똥을 채우고 창고마다 알을 하나씩 낳아요. 애벌레는 똥을 먹으며 겨울을 보내고 이듬해에 번데기를 벗고 어른 쇠똥구리가 돼요.

쇠똥구리는 숲에 사는 딱정벌레예요. 그늘진 숲길을 즐겨 기어다니죠. 느리긴 해도 상당히 먼 거리를 날 수 있어요.

 쇠똥구리의 몸길이는 1.2-2cm예요.

쇠똥구리는 5월부터 10월까지 나타나요.

| 1월 | 2월 | 3월 | 4월 | 5월 | 6월 | 7월 | 8월 | 9월 | 10월 | 11월 | 12월 |

유월딱정벌레

네모난 이 벌레는 작은 떡갈잎풍뎅이처럼 생겼지만, 털이 난 다부진 몸은 연갈색 한 가지 색이에요. 하얀 애벌레는 땅속에서 2-3년을 살고 봄에 번데기를 벗고 어른벌레가 돼요.

자세히 보아요!

유월딱정벌레의 친척쯤 되는 떡갈잎풍뎅이는 유월딱정벌레보다 약간(2-3cm) 더 커요. 떡갈잎풍뎅이는 활엽수 잎을 먹는데 특히 떡갈나무 잎을 가장 좋아해요. 옛날에 어떤 해에는 4월부터 6월까지 떡갈잎풍뎅이가 어마어마하게 떼로 나타나서 나뭇잎을 모조리 먹어치우기도 했어요. 오늘날 떡갈잎풍뎅이는 드물어졌고, 떼로 나타나는 일은 거의 없어요.

유월딱정벌레는 꽃과 과일나무가 있는 풀밭과 들판처럼 탁 트인 자연에 주로 살지만, 정원과 숲 가장자리에도 나타나요. 어떤 해에는 하지 즈음 저녁에 유월딱정벌레가 떼로 나타나고 어떤 해에는 그저 한두 마리씩 개별로 나타나요.

유월딱정벌레의 몸길이는 1.4-1.8cm예요.

유월딱정벌레는 5월부터 7월까지 나타나요.

 딱정벌레와 노린재

장미풍뎅이

장미풍뎅이의 윗면은 초록색 보석처럼 빛나고, 아랫면은 황적색이에요. 딱지날개의 중간 부분이 서로 붙어있어서, 날 때 개별로 날갯짓을 할 수 없어요. 그래서 날 때는 다른 얇은 날개를 옆으로 펼쳐요.

같이 해봐요!

장미풍뎅이는 여러 다양한 관목의 꽃가루와 꽃꿀을 먹어요. 정원에 딱총나무, 층층나무, 산사나무, 장미를 심으면 장미풍뎅이는 먹이를 넉넉하게 얻을 수 있어요.

눈길을 사로잡는 장미풍뎅이는 숲 가장자리, 공원, 정원, 그 밖에 덤불이 많은 곳에 살아요.

장미풍뎅이의 몸길이는 1.5-2cm예요.

장미풍뎅이는 5월부터 10월까지 나타나요.

| 1월 | 2월 | 3월 | 4월 | 5월 | 6월 | 7월 | 8월 | 9월 | 10월 | 11월 | 12월 |

딱정벌레와 노린재

사슴벌레

짙은 적갈색의 사슴벌레는 가장 큰 딱정벌레예요. 수컷의 머리에는 거대한 턱집게가 달렸는데, 그 모양이 사슴뿔을 닮았어요. 암컷의 턱은 평범하게 생겼어요.

알아둬야 할 중요한 사실!

사슴벌레 수컷은 암컷을 차지하기 위해 거대한 턱집게로 싸우는데, 이때 상대를 나뭇가지에서 던져버리려 애써요. 재밌게도 사슴벌레는 이 무시무시해 보이는 커다란 턱집게로 먹이를 쪼개 먹지 못해요. 그들은 털처럼 생긴 긴 혀로 나무즙 같은 달콤한 액체를 핥아 먹어요. 사슴벌레의 애벌레는 5년에서 8년 동안 떡갈나무의 썩은 줄기 안에서 살다가 마침내 어른 사슴벌레가 돼요.

암컷

 사슴벌레는 아주 희귀한 종으로, 자연 상태의 오래된 떡갈나무 숲이나 강가에서만 볼 수 있어요. 주로 밤에 활동해요.

사슴벌레의 몸길이는 2.5-7.5cm예요.

사슴벌레는 5월부터 8월까지 나타나요.

| 2월 | 3월 | 4월 | 5월 | 6월 | 7월 | 8월 | 9월 | 10월 | 11월 | 12월 |

가문비나무좀

가문비나무좀은 나무껍질을 파먹는 딱정벌레로, 숲을 위협하는 위험한 해충으로 통해요. 가문비나무좀을 관찰할 기회는 아주 드물지만, 그 대신에 가문비나무좀이 파먹고 간 흔적은 아주 흔히 볼 수 있어요. 그 모양이 중세 시대 책의 한껏 꾸민 글자를 닮았어요. 그래서 독일에서는 이 벌레를 '인쇄벌레'라 불러요.

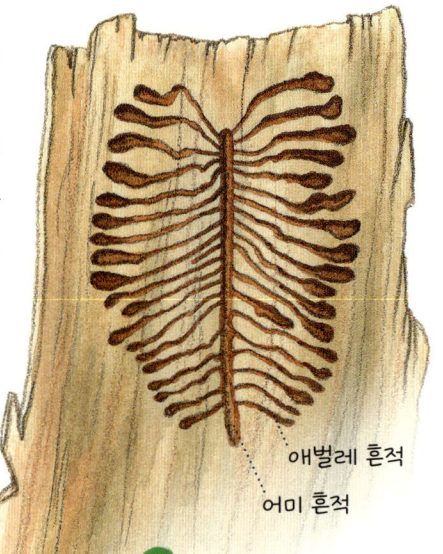

애벌레 흔적
어미 흔적

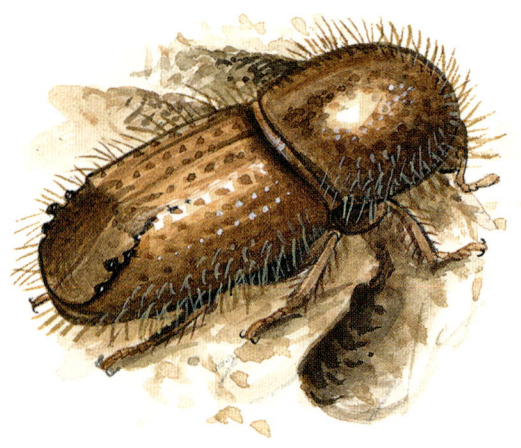

가문비나무좀은 병들거나 약하거나 죽은 가문비나무의 껍질 속에 살아요. 아주 흔한 벌레예요.

자세히 보아요!

가문비나무좀의 공격을 받은 나무의 껍질을 벗겨보면, 파먹은 흔적을 발견할 수 있어요. 암컷이 나무줄기를 파먹어 최대 15cm에 달하는 길고 넓은 흔적을 남기고, 그 안에 알을 30-60개 낳아요. 알에서 깬 애벌레들이 어미가 남긴 가운데 흔적(어미 흔적)에서 출발하여 양옆으로 파먹어 나가요. 이때 양옆으로 뻗어 나간 여러 흔적(애벌레 흔적)이 생겨요.

가문비나무좀의 몸길이는 4-5mm예요.

가문비나무좀는 5월부터 7월까지 나타나요.

붉은산꽃하늘소

몸길이와 거의 맞먹는 긴 검정 더듬이를 가진 이 하늘소는 수컷과 암컷의 구별이 아주 쉬워요. 화려한 수컷은 황갈색이고 검은색 앞가슴 등판이 있어요. 암컷은 수컷보다 명확히 더 크고 적갈색으로 빛나요.

자세히 보아요!

붉은산꽃하늘소는 우산 모양의 하얀색 꽃 무리를 특히 좋아해요. 꽃잎에 파묻혀 먹지 않기 때문에 관찰하기가 쉬워요. 또한, 암컷과 수컷은 꽃 위에서 짝짓기해요. 짝짓기 후에 암컷은 썩은 가문비나무와 소나무 줄기에 알을 낳고, 애벌레는 이 나무를 먹어요.

붉은산꽃하늘소는 꽃이 많은 숲 가장자리와 공터에 특히 많이 나타나지만, 정원에서도 관찰할 수 있어요. 아주 흔한 하늘소예요.

붉은산꽃하늘소의 몸길이는 1-2cm예요.

붉은산꽃하늘소는 6월부터 9월까지 나타나요.

| 2월 | 3월 | 4월 | 5월 | 6월 | 7월 | 8월 | 9월 | 10월 | 11월 | 12월 |

딱정벌레와 노린재

밤바구미

작은 갈색 몸은 얼룩덜룩한 얇은 비늘로 덮여 있어요. 머리 앞부분에 달린 커다란 눈이 두드러져 보이고, 아주 가느다랗고 긴 코 중간쯤에 더듬이 두 개가 직각으로 달려있어요.

알아둬야 할 중요한 사실!

개암나무 열매에 작은 구멍이 뚫려있는 걸 본 적이 있나요? 이런 구멍이 어떻게 생겨난 걸까요? 5월과 6월에 밤바구미 암컷이 덜 익은 개암을 갉아내고 그 안에 알을 낳아요. 약 4주 뒤에 애벌레가 이 개암을 갉아먹어요. 그러면 '속 빈' 개암이 땅에 떨어지고 애벌레는 껍질에 구멍을 내고 열매에서 빠져나가요. 그 후 애벌레는 땅속으로 들어가 겨울을 보낸 뒤 봄에 번데기를 벗고 어른 밤바구미가 돼요.

개암나무가 있는 곳이면 어디에나 작은 밤바구미가 살아요. 애벌레는 오로지 개암나무 열매 안에서만 자라고, 어른 밤바구미는 꽃순, 어린싹, 다양한 나뭇잎을 먹어요.

밤바구미의 몸길이는 6-8mm예요.

밤바구미는 5월부터 7월까지 나타나요.

| 1월 | 2월 | 3월 | 4월 | 5월 | 6월 | 7월 | 8월 | 9월 | 10월 | 11월 |

딱정벌레와 노린재

소금쟁이

날씬한 몸에 실처럼 붙어있는 기다란 다리 네 개가 제일 먼저 눈에 띄어요. 가늘고 긴 네 다리로 소금쟁이는 스피드스케이트 선수처럼 물 위를 미끄러지듯 달릴 수 있어요. 앞에 달린 앞다리 두 개는 짧은데, 이걸로 소금쟁이는 먹이를 잡아요. 소금쟁이는 아무튼 노린재에 속해요.

같이 해봐요!

물 위에 작은 나뭇잎을 조심스럽게 던져 보세요. 운이 좋으면 그것으로 소금쟁이를 꾀어낼 수 있어요. 소금쟁이는 물 표면의 움직임을 아주 예민하게 감지해요. 곤충이 물에 떨어져 버둥대면 물 표면이 흔들리고, 그러면 소금쟁이는 이 먹이를 차지하기 위해 재빨리 달려들어요. 소금쟁이는 또한 최대 10cm 높이까지 뛰어오를 수 있어요.

 소금쟁이는 고여 있는 물 어디에나 빠짐없이 있고 모든 물웅덩이, 연못, 우물, 호수에 살아요. 그들은 잘 날 수 있어서, 새로 생긴 우물이나 물웅덩이에 금세 이주해서 살아요. 바람이 세게 불고 비가 많이 내리는 날에는 둑으로 몸을 피해요.

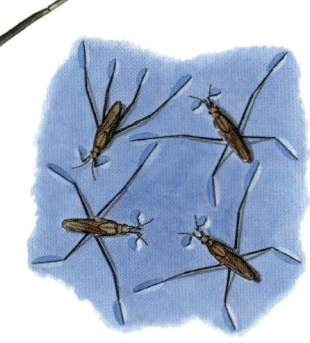

소금쟁이는 물 위에 뜰 만큼 가벼워요.

소금쟁이의 (다리를 뺀) 몸길이는 약 1cm예요.

소금쟁이는 4월부터 10월까지 나타나요.

| 2월 | 3월 | 4월 | 5월 | 6월 | 7월 | 8월 | 9월 | 10월 | 11월 | 12월 |

딱정벌레와 노린재

녹색방패벌레

방패벌레는 방패처럼 생겼어요. 봄과 여름에는 초록색인데, 가을이 되면 갈색 혹은 구리색으로 변해요. 봄이 되면 다시 빛나는 초록색으로 변해요. 몸 끝부분에서 갈색 날개끝이 도드라져 보여요.

자세히 보아요!

녹색방패벌레의 아랫면을 자세히 보세요. 가슴 부위에 길게 파인 고랑이 눈에 띌 거예요. 이 고랑에 길고 뾰족한 주둥이를 숨겨 두었다가 필요할 때 밖으로 꺼내요. 녹색방패벌레는 라즈베리와 맛이 고약한 나무 열매들을 즐겨 빨아 먹어요.

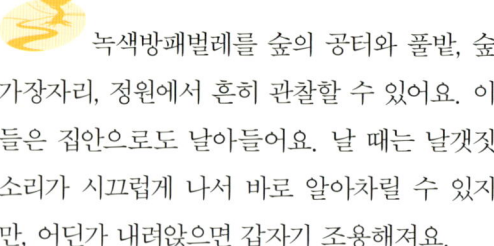

녹색방패벌레를 숲의 공터와 풀밭, 숲 가장자리, 정원에서 흔히 관찰할 수 있어요. 이들은 집안으로도 날아들어요. 날 때는 날갯짓 소리가 시끄럽게 나서 바로 알아차릴 수 있지만, 어딘가 내려앉으면 갑자기 조용해져요.

녹색방패벌레의 몸길이는 1.2-1.4cm예요.

녹색방패벌레는 4월부터 11월까지 나타나요.

| 1월 | 2월 | 3월 | 4월 | 5월 | 6월 | 7월 | 8월 | 9월 | 10월 | 11월 |

딱정벌레와 노린재

별노린재

별노린재의 색깔은 빨강과 검정이에요. 배를 완전히 덮지 못할 만큼 짧은 빨간색 날개 위에 크고 작은 검은 점이 각각 하나씩 찍혀있어요. 빨간 배를 가진 빨강-검정 애벌레는 더 작고 날개도 없어요. 봄에 수컷과 암컷이 서로 배 끝을 붙이고 짝짓기해요.

별노린재는 넓게 퍼졌고 정말 흔하게 볼 수 있어요. 특히 공원, 정원, 오래된 공동묘지에 많아요. 그곳에서 오래된 피나무나 아까시나무 밑에서 엄청나게 많은 별 노린재를 떼로 볼 수 있어요.

알아둬야 할 중요한 사실!

별노린재는 무리 지어 사는 집단생활 동물이에요. 겨울이라도 따뜻한 날이면 벌써 별노린재는 햇볕이 잘 드는 곳에 모여 일광욕을 해요. 별노린재는 피나무, 아까시나무, 아욱 열매의 씨를 빨아먹어요.

별노린재의 몸길이는 1-1.2cm예요.

별노린재는 1년 내내 나타나요.

| 2월 | 3월 | 4월 | 5월 | 6월 | 7월 | 8월 | 9월 | 10월 | 11월 | 12월 |

딱정벌레와 노린재

송장헤엄치게

갈색의 납작한 송장헤엄치게는 대개 물 위에 등을 대고 누워 있거나 물풀에 바짝 붙어있어요. 헤엄치기 적합하게 변한 긴 뒷다리가 눈에 띄어요.

잠복 중인 송장헤엄치게

자세히 보아요!

송장헤엄치게는 눈이 아주 커요. 이 눈으로 물 위와 아래를 잘 볼 수 있어요. 송장헤엄치게는 주로 곤충이 물로 떨어지기를 기다리며 잠복해요. 움직임이 감지되는 즉시 번개처럼 재빠르게 몸을 날려 덮쳐요. 그리고 먹잇감을 움켜쥐고 긴 주둥이로 빨아먹어요.

송장헤엄치게는 연못, 우물, 호수 같은 고여 있는 물에 살고, 어디에서나 흔히 볼 수 있어요. 정원 연못에도 나타나요.

조심해요!

송장헤엄치게에게 쏘이면 아주 아파요! 그래서 '물벌'이라고도 불려요.

송장헤엄치게의 몸길이는 1.5cm예요.

송장헤엄치게는 1년 내내 나타나요.

| 1월 | 2월 | 3월 | 4월 | 5월 | 6월 | 7월 | 8월 | 9월 | 10월 | 11월 |

꿀벌, 땅벌, 개미, 파리

맵시벌

검정-하양의 날씬한 몸 끝에, 몸 못지않게 길고 가느다란 산란관이 달렸는데, 이 관을 통해 알을 낳아요. 다리는 아주 길고 붉은색이며, 날개는 좁고 투명해요.

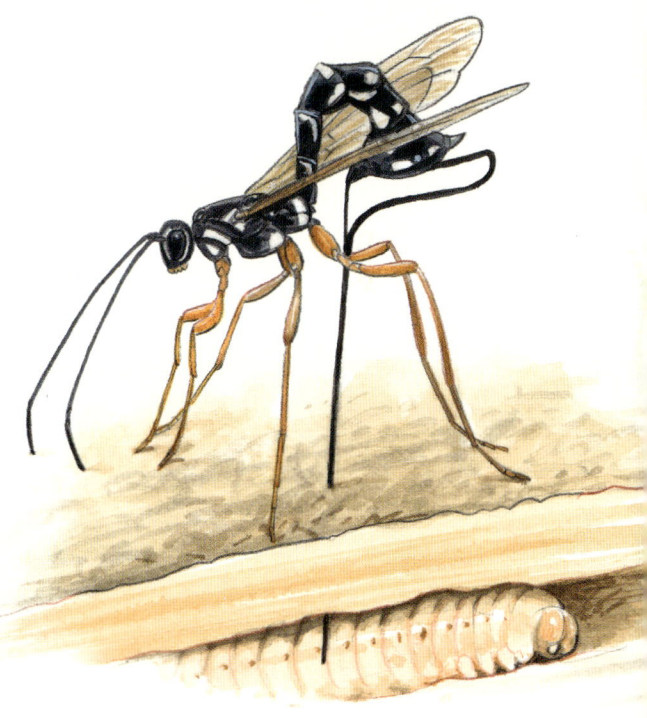

알아둬야 할 중요한 사실!

맵시벌은 후각이 매우 발달하여, 가문비나무와 다른 침엽수 껍질 안에 사는 송곳벌의 애벌레를 냄새로 찾아내요. 송곳벌의 애벌레를 찾아내면, 긴 산란관을 나무껍질 안으로 찔러 넣어 최대 3cm 깊이에 있는 애벌레를 침으로 마비시킨 후, 애벌레 몸속에 알 하나를 낳아요. 알에서 깨어난 맵시벌 애벌레는 송곳벌 애벌레를 먹고 자라 번데기를 벗고 어른 맵시벌이 돼요(94쪽 참고).

맵시벌의 번데기에서 벌써 어른 맵시벌의 형태를 볼 수 있어요.

맵시벌의 서식지는 침엽수 숲이에요. 쓰러진 나무에서 맵시벌을 발견할 수 있어요.

맵시벌의 몸길이는 1.8-3.5cm예요.

맵시벌은 7월부터 9월까지 날아다녀요.

| 2월 | 3월 | 4월 | 5월 | 6월 | 7월 | 8월 | 9월 | 10월 | 11월 | 12월 |

 꿀벌, 땅벌, 개미, 파리

말벌

커다란 말벌의 배는 빨강-검정-노랑 무늬가 선명하고, 가슴 부분은 갈색, 붉은색, 검은색이 섞여 있어요. 날지 않을 때는 날개를 등에 포개고 있어요.

조심해요!

말벌은 침이 있어 쏠 수 있지만, 매우 평화적이에요. 말벌 침에 알레르기만 없다면, 꿀벌이나 땅벌에게 쏘이는 것보다 덜 위험하고 덜 아파요.

 말벌은 정말로 아주 흔해요. 탁 트인 숲, 공원, 정원에 살고 나무 구멍, 사람들이 만들어 둔 벌통, 건물의 틈새에 집을 지어요.

알아둬야 할 중요한 사실!

여왕벌은 봄에 나무를 잘게 씹어 작은 벌집을 짓고 칸마다 알을 하나씩 낳아요. 알에서 애벌레가 나오면 먹이를 먹여요. 이 애벌레는 일벌로 자라고, 이제 일벌들이 집을 크게 확장하고 애벌레를 먹이고 키워요. 그런 식으로 말벌 왕국은 가을까지 최대 700마리로 성장해요. 그런 다음 모든 말벌이 가을에 죽고, 여왕벌만 살아남아 겨울을 보내고 봄에 다시 알을 낳아요.

 말벌의 몸길이는 2.5cm(일벌)에서 3.5cm(여왕벌) 사이예요.

말벌은 4월부터 10월까지 날아다녀요.

| 1월 | 2월 | 3월 | 4월 | 5월 | 6월 | 7월 | 8월 | 9월 | 10월 | 11월 |

꿀벌, 땅벌, 개미, 파리 : 55

독일땅벌

땅벌의 검정-노랑 색깔을 모르는 사람은 아마 없을 거예요. 가슴과 배 사이가 아주 잘록한데, 여기가 바로 땅벌의 허리예요.

자세히 보아요!

땅벌은 달콤한 음료, 설탕물 혹은 완전히 푹 익은 열매를 주식으로 먹어요. 이들은 설탕이 많이 들어 있는 음식이 필요한데, 이들에게는 그것이 바로 '비행 연료'이기 때문이죠. 애벌레에게는 곤충을 잡아 먹여요. 입으로 곤충의 살을 잘게 뜯어서 애벌레 입에 넣어주죠. 가을이면 여왕벌을 제외한 모든 땅벌이 죽어요.

 땅벌은 아주 흔하고 거의 어디에서나 볼 수 있어요. 생쥐굴, 두더지 굴, 퇴비 더미, 생울타리, 서까래, 블라인드 스크롤통, 사람들이 둔 벌통 등 어두운 구멍 안에 집을 지어요.

조심해요!

땅벌은 쏠 수 있어요. 여름에 종종 책상에 와서 쉬거나 달콤한 음료 안을 기어 다니니, 조심해야 해요!

독일땅벌의 몸길이는 1.6cm(일벌)에서 2cm(여왕벌) 사이예요.

독일땅벌은 4월부터 10월까지 날아다녀요.

| 2월 | 3월 | 4월 | 5월 | 6월 | 7월 | 8월 | 9월 | 10월 | 11월 | 12월 |

꿀벌, 땅벌, 개미, 파리

참나무담즙말벌

작고 검은 참나무담즙말벌은 아주 큰 날개를 가졌어요. 이 말벌은 눈에 잘 띄지 않아요. 하지만 참나무 잎의 아랫면에 붙어 있는 체리처럼 생긴 약 2cm 크기의 초록-빨강 혹은 눈에 아주 잘 띄어요.

알아둬야 할 중요한 사실!

구슬처럼 동글동글한 혹은 애벌레의 놀이방이에요. 봄에 참나무담즙말벌 암컷이 참나무 잎에 알 하나를 낳으면, 그 자리에 혹이 생겨요. 애벌레는 이 혹 안에서 보호를 받으며 배불리 먹고 자라요. 가을에 나뭇잎이 혹과 함께 땅에 떨어져요. 혹에 작은 구멍이 뚫렸다면, 애벌레가 이미 놀이방을 떠났다는 뜻이에요.

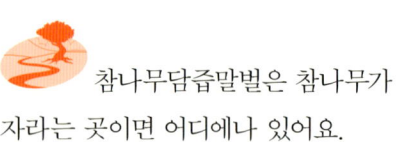
참나무담즙말벌은 참나무가 자라는 곳이면 어디에나 있어요.

참나무 잎에 난 혹

참나무담즙말벌의 몸길이는 3-4mm예요.

참나무담즙말벌은 11월부터 7월까지 날아다녀요.

| 1월 | 2월 | 3월 | 4월 | 5월 | 6월 | 7월 | 8월 | 9월 | 10월 | 11월 | 12월 |

꿀벌, 땅벌, 개미, 파리

서양뒤영벌

온몸이 털로 뒤덮인 서양뒤영벌의 가슴과 배에는 노랑-검정 줄무늬가 있고, 배 끝은 하얀색이에요.

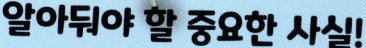

알아둬야 할 중요한 사실!

이른 봄 햇살이 좋은 날이면 벌써 서양뒤영벌이 날아다녀요. 이 벌은 아주 커다란 여왕벌로, 이제 생쥐굴이나 땅 속 구멍에 새로운 왕국을 세울 거예요. 뒤영벌은 꽃꿀과 꽃가루를 모아요. 그래서 여러 과일나무의 암술에 꽃가루를 전해주는 중매쟁이 역할을 톡톡히 한답니다. 이들은 겨울을 위한 식량을 모아두지 않아요. 그래서 최대 600마리에 달하는 뒤영벌이 가을에 모두 죽어 왕국은 망하고, 오직 여왕벌만 살아남아요.

조심해요!

서양뒤영벌 역시 쏠 수 있어요. 하지만 확실히 위급할 때만 쏴요.

서양뒤영벌은 어디에나 있어요. 꽃이 많이 핀 풀밭과 휴경지, 숲 가장자리, 공원, 정원에 나타나요.

서양뒤영벌의 몸길이는 1.7cm(일벌)에서 2.3cm(여왕벌) 사이예요.

서양뒤영벌은 3월부터 11월까지 날아다녀요.

| 2월 | 3월 | 4월 | 5월 | 6월 | 7월 | 8월 | 9월 | 10월 | 11월 | 12월 |

 **꿀벌, 땅벌, 개미, 파리**

가위벌

조그마한 가위벌의 검은색 몸은 노란색 털로 덮여 있어요. 암컷은 배 아랫면에 솔처럼 생긴 주황색 털이 있는데, 이 털로 꽃가루를 모아요.

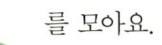 가위벌은 들판, 풀밭, 숲 가장자리, 공원 혹은 정원 같은 아주 다양한 장소에 나타나요.

자세히 보아요!

가위벌은 정원에서 장미나 다른 식물 잎에, 가장자리부터 동그랗게 잘린 구멍을 통해 자신의 존재를 폭로해요. 가위벌은 썩은 나무나 화분의 흙을 갉아서 벌집을 짓고, 잎을 잘라낸 조각을 벌집 내벽에 붙여요. 벌집 안에서 애벌레가 꽃꿀과 꽃가루 범벅에 파묻혀 자라요. '곤충호텔'(59쪽 참고)을 지어 가위벌을 도와주세요.

 가위벌의 몸길이는 1.2-1.6cm예요.

가위벌은 6월부터 9월까지 날아다녀요.

| 1월 | 2월 | 3월 | 4월 | 5월 | 6월 | 7월 | 8월 | 9월 | 10월 | 11월 |

꿀벌, 땅벌, 개미, 파리 : 59

붉은메이슨꿀벌

주황색 털이 북슬북슬한 붉은메이슨꿀벌의 자그마한 암갈색 몸은 금속성 초록빛이 살짝 돌아요.

같이 해봐요!

나무토막에 드릴로 6-7mm 크기의 구멍을 내주면, 붉은메이슨꿀벌이 집을 짓는 데 도움을 줄 수 있어요. 구멍을 뚫은 나무토막을 발코니나 정원에 놓아주세요. 비에 젖지 않게 하고 구멍이 가로로 놓이게 두세요. 봄이 되면 벌들이 이 구멍을 꽃가루로 가득 메우고, 그 안에 알을 낳은 뒤 입구를 진흙으로 막아요. 그러면 여러분은 이듬해에 알에서 나온 어린벌을 관찰할 수 있어요.

대나무관과 갈대 줄기를 단단히 묶어둬도 벌이 집을 짓는 데 큰 도움이 돼요.

 붉은메이슨꿀벌은 흔히 들판과 풀밭, 숲 가장자리, 정원에 나타나요.

붉은메이슨꿀벌의 몸길이는 8-13mm예요.

붉은메이슨꿀벌은 3부터 6월까지 날아다녀요.

| 2월 | 3월 | 4월 | 5월 | 6월 | 7월 | 8월 | 9월 | 10월 | 11월 | 12월 |

꿀벌, 땅벌, 개미, 파리

꿀벌

꿀벌의 갈색 몸은 황갈색 털로 덮여 있고, 배에는 노란색 줄무늬가 있어요. 뒷다리에 '짧은 반바지'를 입었는데, 이걸로 꽃가루를 날라요.

알아둬야 할 중요한 사실!

꿀벌 왕국은 최대 8만 마리의 일벌로 이루어졌어요. 여왕벌은 벌집 안에 머물며 알을 낳아요. 일벌들은 여왕벌과 애벌레를 보살피고, 직접 만든 밀랍으로 새로운 벌집을 짓고, 벌집 입구에서 보초를 서고, 꽃꿀과 꽃가루를 모아요. 꿀벌들은 어두운 벌집에서 춤으로 정보를 전달하는데, 꽃꿀과 꽃가루가 어디에 있는지 정확히 보고해요.

조심해요!

꿀벌에게 쏘이면 아주 아파요. 벌침에 알레르기 반응을 보이는 사람이라면 죽을 수도 있어요.

 꿀벌은 어디에나 있어요. 꿀벌은 양봉가가 만든 벌통 안에 집을 짓고 사는, 일종의 가축이에요. 때때로 나무 구멍에 집을 짓고 야생으로도 살아요.

꿀벌의 몸길이는 1.4cm(일벌)에서 2cm(여왕벌) 사이예요.

꿀벌은 1년 내내 날아다녀요.

| 1월 | 2월 | 3월 | 4월 | 5월 | 6월 | 7월 | 8월 | 9월 | 10월 | 11월 |

꿀벌, 땅벌, 개미, 파리

보라색목수꿀벌

보라색목수꿀벌은 독일에서 가장 큰 토종 꿀벌이에요. 겉모습은 커다란 뒤영벌처럼 생겼어요. 검은색 몸과 날개가 햇빛을 받으면 파랗게 빛나요.

놀라운 사실!

보라색목수꿀벌은 강력한 주둥이로 죽은 과일나무나 오래된 목재에 구멍을 깊이 파서 부화를 준비해요. 구멍에 꽃가루와 꽃꿀을 채우고 그 안에 알 하나를 낳아요. 그런 다음 침으로 나무판을 세워 칸막이를 설치해요. 다시 꽃가루와 꽃꿀을 채우고 알 하나를 또 낳아요. 그렇게 부화실 여러 개가 줄줄이 생겨나고, 그 안에서 목수꿀벌의 후손들이 자라요.

보라색목수꿀벌은 남유럽에서 독일로 이주했어요. 포도 농사에 알맞은 따뜻한 지역의 숲 가장자리, 과수원, 정원에 나타나요.

보라색목수꿀벌의 몸길이는 2-2.8cm예요.

보라색목수꿀벌은 2월부터 9월까지 날아다녀요.

| 2월 | 3월 | 4월 | 5월 | 6월 | 7월 | 8월 | 9월 | 10월 | 11월 | 12월 |

 꿀벌, 땅벌, 개미, 파리

털개미

몸 전체가 흑갈색 혹은 검은색이고 아주 가는 은빛 털이 촘촘하게 덮여 있어요.

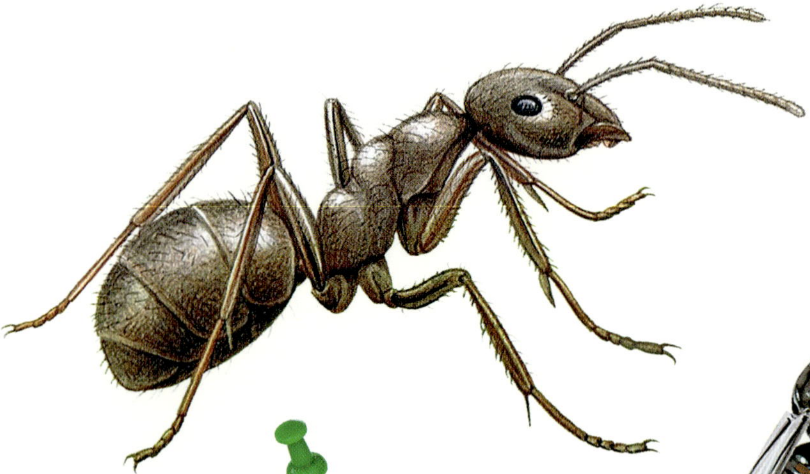

날개가 달린 수컷

알아둬야 할 중요한 사실!

일개미들은 개미 왕국 전체를 보살펴요. 이들은 돌이나 나무 아래에 둥지를 짓고 방어하며, 먹이를 구해오고, 여왕개미와 애벌레를 먹여요. 털개미의 표적은 진딧물 무리인데, 진딧물 무리를 찾으면 그들의 달콤한 똥을 우유 짜듯 짜서 모아요.

털개미는 아주 흔한 개미예요. 숲길에서, 정원에서, 담벼락에서 혹은 심지어 집에서 작은 개미를 발견했다면, 거의 항상 털개미예요.

털개미의 몸길이는 5mm(일개미)에서 9mm(여왕개미) 사이예요.

털개미는 3월부터 11월까지 나타나요.

| 1월 | 2월 | 3월 | 4월 | 5월 | 6월 | 7월 | 8월 | 9월 | 10월 | 11월 |

홍개미

뒤통수, 다리, 배만 검은색이고, 나머지 부위는 붉은색이에요. 일개미들은 날개가 없고, 몸집이 더 큰 여왕개미와 수컷은 날개가 있어요. 그래서 이들은 여름에 결혼식 비행을 할 수 있어요.

여왕개미
일개미

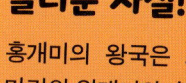
날개가 달린 수컷

홍개미는 나무가 너무 빽빽하게 들어차지 않은 성긴 소나무 숲 혹은 노간주나무 숲에서 햇볕이 잘 드는 자리에 최대 1미터 높이의 개미 언덕을 짓는데, 땅속으로도 개미굴이 언덕 높이 만큼 깊이 이어져요.

놀라운 사실!

홍개미의 왕국은 최대 백만 마리의 일개미와 수많은 여왕개미로 이루어져요. 이 거대한 무리는 여름날 하루 만에 최대 십만 마리의 먹잇감을 사냥해요. 사냥감 중에는 솔나방이나 얼룩매미나방의 애벌레처럼 숲을 망치는 해충으로 통하는 곤충도 많이 포함되어 있어요.

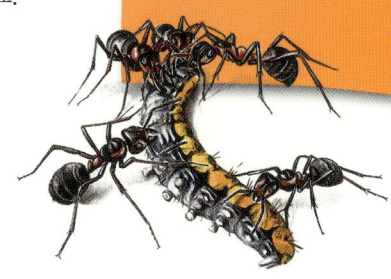

조심해요!

개미들은 위협을 느끼면 개미산을 뿌려요. 개미산은 작은 곤충을 죽일 수 있고, 여러분의 피부에 닿거나 눈에 들어가면 아주 따갑고 아파요.

홍개미의 몸길이는 9mm(일개미)에서 11mm(여왕개미) 사이예요.

홍개미는 3월부터 10월까지 나타나요.

 꿀벌, 땅벌, 개미, 파리

각다귀

회색이 도는 갈색 각다귀가 어쩌다 빛에 현혹되어 집안으로 날아들면, 그 크기와 긴 날개 그리고 가늘고 긴 다리 때문에 아주 무섭게 보일 수 있어요. 하지만 각다귀는 쏘지도 않고 물지도 않아요. 심지어 주둥이는 물이나 꽃꿀만 겨우 마실 수 있을 정도로 퇴화했어요.

알아둬야 할 중요한 사실!
어떤 지역에서는 모기라고 해야 마땅한 곤충을 그냥 각다귀라고 부르기도 해요.

자세히 보아요!
암컷의 배는 끝이 뾰족해요. 그것은 산란관인데, 암컷은 산란관을 통해 축축한 땅에 알을 낳아요.

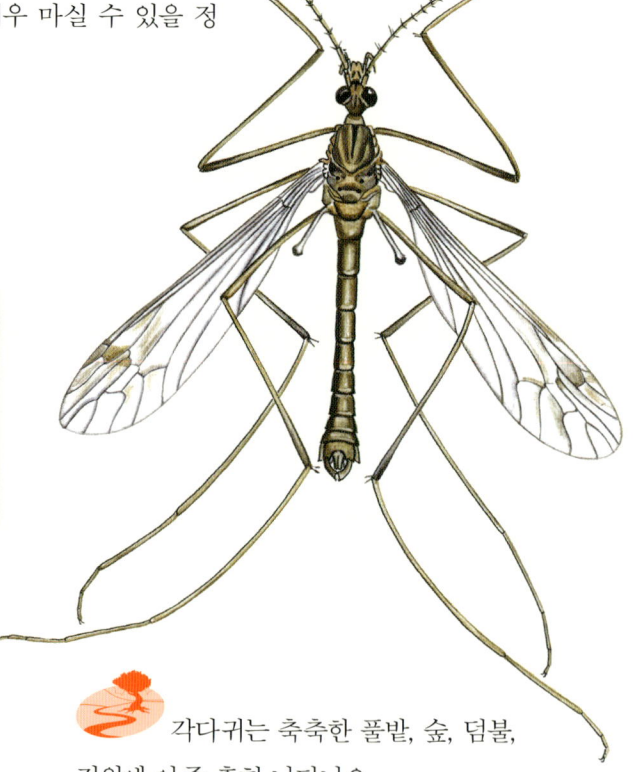

각다귀는 축축한 풀밭, 숲, 덤불, 정원에 아주 흔히 나타나요.

각다귀의 몸길이는 최대 3.7cm예요
(날개를 활짝 펼쳤을 때는 그 폭이 5.5-6.5cm예요).

각다귀는 5월부터 8월까지 날아다녀요.

| 1월 | 2월 | 3월 | 4월 | 5월 | 6월 | 7월 | 8월 | 9월 | 10월 | 11월 | 12월 |

꿀벌, 땅벌, 개미, 파리

모기

연갈색의 날씬한 암컷에게는 피를 빨아먹는 긴 주둥이가 있고, 수컷은 더듬이에 털이 덥수룩하게 있어요. 수컷은 피를 빨아먹지 못해요.

알아둬야 할 중요한 사실!

암컷은 물 위에 알을 200-300개씩 무더기로 낳으려면, 그전에 사람이나 포유동물의 피를 빨아먹어야만 해요. 알에서 나온 애벌레들은 대개 물 표면에 매달려 있어요. 그곳에서 번데기를 벗고 어른 모기가 돼요.

애벌레

수컷

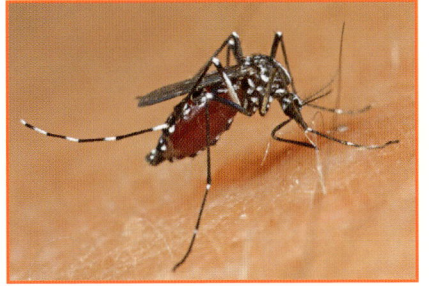

흰줄숲모기는 수많은 하얀색 줄무늬에서 알아볼 수 있어요. 이들은 30년도 더 전에 무역 상품과 함께 중국에서 유럽으로 이주했고 5년 전부터 독일 남부지방에도 퍼졌어요.

모기는 고인 물, 그러니까 연못이나 호수 근처에 많지만, 흐르는 물의 잔잔한 구역, 습지, 축축한 풀밭 어디에나 다 있어요. 또한, 빗물받이통과 물통이 있는 정원에도 나타나요.

모기의 몸길이는 4-6mm예요.

모기는 3월부터 10월까지 날아다녀요.

| 2월 | 3월 | 4월 | 5월 | 6월 | 7월 | 8월 | 9월 | 10월 | 11월 | 12월 |

꿀벌, 땅벌, 개미, 파리

호리꽃등에

언뜻 보기에 호리꽃등에는 검정-노랑 무늬의 배 때문에 땅벌과 헷갈릴 수 있어요. 하지만 자세히 보면, 커다란 눈, 날개 한 쌍, 뭉툭한 주둥이에서 전형적인 파리 형체를 알아볼 수 있어요.

알아둬야 할 중요한 사실!

이렇다 할 무기가 없는 호리꽃등에는 땅벌을 닮은 노랑-검정 무늬로 약탈을 일삼는 새나 도마뱀 같은 천적에게 경고를 보내요. 꽃등에는 날개 끝으로 8자를 그리며 날갯짓을 하는데, 그렇게 하면 드론처럼 공중에 떠 있을 수 있어요. 어른 꽃등에가 꽃꿀과 꽃가루를 먹는 동안, 애벌레는 진딧물을 열심히 잡아먹어요. 번데기가 될 때까지 짧은 성장기 동안 애벌레 한 마리가 진딧물을 수백 마리씩 먹어 없애요.

호리꽃등에는 꽃, 덤불, 나무가 있는 곳이면 어디에나 나타나요.

전혀 위험하지 않은 호리꽃등에는(왼쪽) 노랑-검정 무늬로 전투력이 강한 땅벌(오른쪽) 인척해요.

 호리꽃등에의 몸길이는 8-12mm예요.

호리꽃등에는 2월부터 11월까지 날아다녀요.

| 1월 | 2월 | 3월 | 4월 | 5월 | 6월 | 7월 | 8월 | 9월 | 10월 | 11월 | |

꿀벌, 땅벌, 개미, 파리

꼬리별꽃등에

꼬리별꽃등에 역시 겉모습은 비록 벌처럼 보이지만, 전혀 위험하지 않은 파리목에 속하는 곤충이에요. 전형적인 파리 눈이 달린 커다란 머리와 날개에서 그것을 확인할 수 있어요.

자세히 보아요!

암컷은 똥이나 아주 더러운 물가에 알을 낳아요. 알에서 나온 애벌레는 쥐꼬리처럼 생긴 아주 긴 꼬리가 달렸어요. 사실 그것은 호흡기예요. 그러니까 꼬리가 아니라 숨을 쉬는 코예요. 애벌레는 이 코를 안으로 접어 넣거나 밖으로 길게 뺄 수 있어요.

꼬리별꽃등에는 꽃이 피는 곳이면 어디에나 다 있어요. 애벌레는 물웅덩이, 진흙탕, 거름통, 퇴비 더미에서 자라요. 그래서 '똥벌'이라 불리기도 해요.

꼬리별꽃등에의 몸길이는 1.4-1.6cm예요.

꼬리별꽃등에는 5월부터 7월까지 날아다녀요.

| 2월 | 3월 | 4월 | 5월 | 6월 | 7월 | 8월 | 9월 | 10월 | 11월 | 12월 |

 꿀벌, 땅벌, 개미, 파리

초파리

배 끝이 검은 이 작은 노란색 초파리는 눈에 띄는 빨간 눈을 가졌어요. 초파리는 또한 과일파리 혹은 이슬파리라 불리기도 해요.

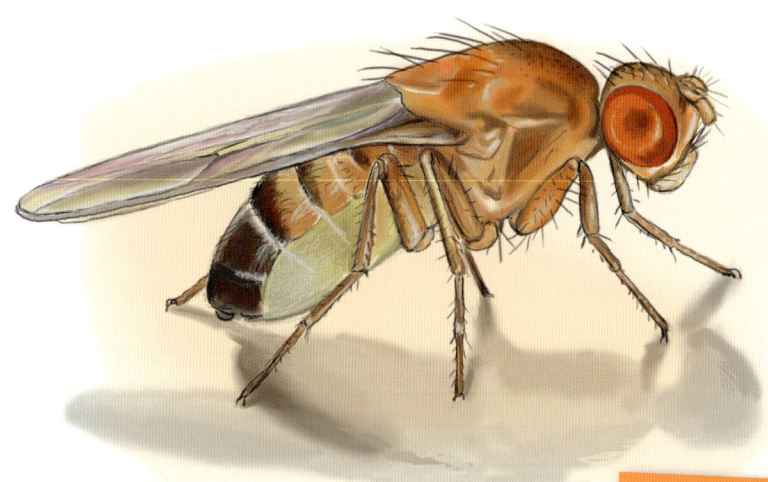

원래 초파리는 적도 부근의 더운 지역에만 살았어요. 하지만 지금은 전 세계에 퍼져 살아요. 초파리는 특히 과일 껍질과 음식물쓰레기통 안에 살아요. 여름에 잘 익은 과일이나 뚜껑을 닫지 않은 포도주병을 부엌에 그냥 두면, 금세 초파리가 몰려들어요.

놀라운 사실!

초파리는 따뜻한 기온일 때 놀랍도록 빠르게 번식해요. 암컷은 썩은 과일 안에 최대 400개씩 알을 낳아요. 애벌레는 겨우 5일 뒤에 번데기가 되고 4일 뒤에 새로운 초파리가 탄생해요. 이런 빠른 번식 때문에 초파리(Drosophila)는 유전자연구에서 동물실험에 애용돼요.

 초파리의 몸길이는 약 2mm예요.

초파리는 더운 계절에(5월부터 9월까지) 가장 잘 관찰할 수 있어요.

| 1월 | 2월 | 3월 | 4월 | 5월 | 6월 | 7월 | 8월 | 9월 | 10월 | 11월 |

재니등에

촘촘하게 뒤덮인 털 때문에, 빨대 같은 긴 주둥이를 가진 갈색 재니등에는 뒤영벌을 생각나게 해요. 그래서 '뒤영벌등에'라고 불리기도 해요. 하지만 날개가 한 쌍뿐이어서, 모기나 파리와 더 가까운 친척이에요.

자세히 보아요!

유연한 재니등에는 꽃꿀을 빨아먹을 때, 작은 벌새처럼 꽃 앞에 떠 있어요. 재니등에는 꽃꿀을 빨아먹는 긴 주둥이를 가졌는데, 이것을 나비처럼 돌돌 말아 올리지 못하고 언제나 밖으로 쭉 내민 채 다녀야 해요. 그것이 어쩌면 위험해 보일 수 있겠지만, 재니등에는 아무것도 쏘거나 물지 못해요.

재니등에는 긴 주둥이로 꽃꿀을 빨아먹어요.

재니등에는 햇볕이 잘 드는 숲 가장자리와 길가에서 흔히 볼 수 있어요. 그러나 또한 정원에서도 발견할 수 있어요.

재니등에의 몸길이는 9-12mm예요.

재니등에는 3월부터 6월까지 날아다녀요.

 꿀벌, 땅벌, 개미, 파리

구리금파리

구리금파리는 금속성 광택이 나는 초록색 옷을 입은 집파리처럼 생겼어요. 커다란 붉은 눈에서 집파리와 구별할 수 있어요. 구리금파리는 꽃가루와 떨어진 과일, 똥, 썩은 송장 등 온갖 것을 먹어요.

구리금파리는 어디에서나 볼 수 있어요. 집안으로도 날아들어와 부엌과 식탁 위 음식에 앉기도 해요.

알아둬야 할 중요한 사실!

구리금파리 암컷은 대개 짐승의 썩은 송장 안에 알을 낳지만, 짐승의 아물지 않은 상처 속에도 알을 낳아요. 알에서 나온 애벌레는 송장이나 상처에 있는 썩은 조직만 먹기 때문이죠. 그래서 의학에서도, 잘 아물지 않는 상처를 청소할 때 구리금파리 애벌레를 이용해요. 구리금파리 애벌레는 죽은 조직을 가장 미세한 의료기기보다 훨씬 더 안전하게 없애줘요. 죽은 조직이 없는 깨끗한 상처일수록 더 빨리 잘 아물 수 있어요.

 구리금파리의 몸길이는 7-12mm예요.

구리금파리는 4월부터 10월까지 날아다녀요.

| 1월 | 2월 | 3월 | 4월 | 5월 | 6월 | 7월 | 8월 | 9월 | 10월 | 11월 | 12 |

집파리

투명한 날개, 짙은 회색 몸, 세로 줄무늬가 있는 가슴, 황갈색과 검은색이 섞인 배. 집파리의 특징이에요. 암적색의 커다란 눈이 도드라져 보여요.

놀라운 사실!

집파리에게는 놀라운 능력이 있어요. 집파리의 반응 속도는 사람보다 5배가 빨라요. 어디든 잘 달라붙는 끈끈한 발바닥 덕분에 미끄러운 벽면을 아주 쉽게 기어오를 수 있고, 발로 맛을 봐요.

집파리는 어디에나 다 있어요. 집파리는 성가실 뿐 아니라 음식물에 앉아 병균을 옮길 수도 있어요. 똥에도 앉으니까요. 구더기 형태의 하얀 애벌레는 음식물쓰레기, 똥 혹은 퇴비 같은 썩은 곳에서 자라요.

애벌레

번데기

집파리의 몸길이는 약 1cm예요.

집파리는 1년 내내 날아다녀요.

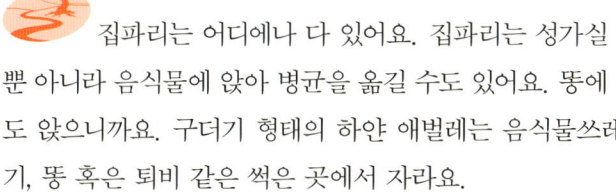

꿀벌, 땅벌, 개미, 파리

사슴이파리

긴 날개를 가진 사슴이파리의 윤기 흐르는 갈색 몸은 눈에 띄게 납작해요. 납작한 몸 옆으로 강력한 다리가 뻗어 있어요.

알아둬야 할 중요한 사실!

사슴이파리는 피를 빨아먹는 기생충이에요. 가을에 떼를 지어 야생동물을 찾아 나서요. 노루, 사슴, 멧돼지 혹은 오소리를 발견하면, 날개를 벗어던지고 머릿니처럼 동물의 털에 딱 달라붙어요. 때때로 말도 공격해요. 사슴이파리의 공격을 받은 동물들은 서로 머리를 부딪치고 비비며 아주 괴로워해요. 수의사가 씻겨주면 괜찮아질 수 있어요.

사슴이파리는 야생동물이 사는 숲에 주로 있어요.

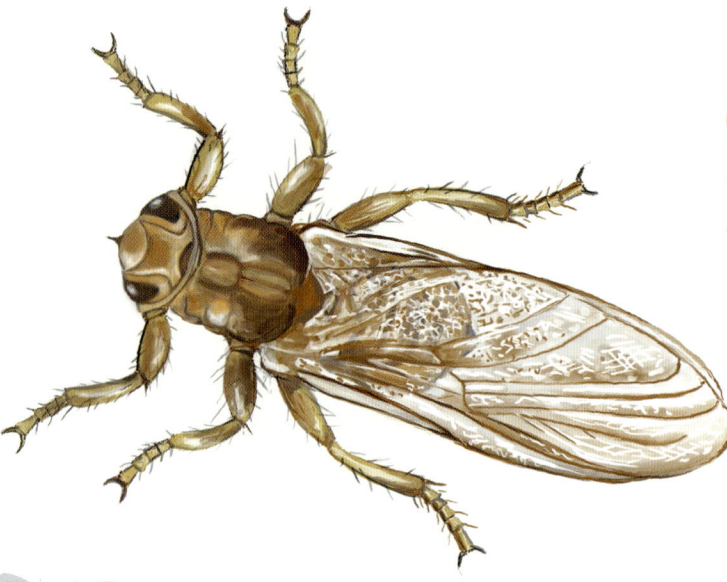

사슴이파리의 몸길이는 5-6mm예요.

사슴이파리는 10월과 11월에 날아다녀요.

| 1월 | 2월 | 3월 | 4월 | 5월 | 6월 | 7월 | 8월 | 9월 | 10월 | 11월 | 12월 |

메뚜기, 집게벌레, 좀벌레

좀벌레

좀벌레의 몸은 납작한 전선처럼 생겼고 은색 비늘로 덮여 있어요. 머리에 긴 더듬이가 있고 배 끝에 꼬리가 세 개 달렸어요.

좀벌레는 욕실 같은 따뜻하고 축축한 장소에 살아요. 밝을 때는 바닥이나 카펫 밑 좁은 틈새에 숨어 있다가 어두워지면 먹이를 찾아 돌아다녀요.

알아둬야 할 중요한 사실!

밤에 갑자기 불을 켜면 좀벌레는 재빨리 은신처로 도망가요. 좀벌레는 주로 종이를 갉아 먹거나 먼지 속에서 달콤한 찌꺼기를 찾아 먹지만, 곰팡이와 집먼지진드기도 먹어요. 어떤 지역에서는 좀벌레를 '설탕손님'이라 부르기도 해요. 좀벌레가 떼로 있으면, 벽지까지 상할 수 있어요.

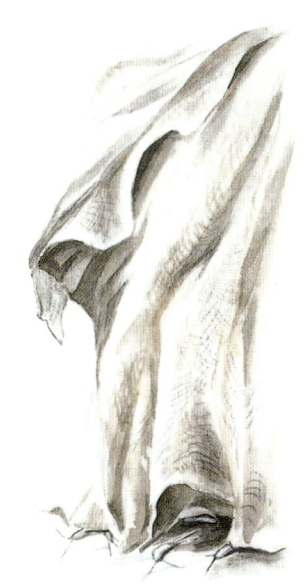

좀벌레의 몸길이는 약 1cm예요.

좀벌레는 1년 내내 나타내요.

 메뚜기, 집게벌레, 종벌레

삽사리

삽사리는 더듬이가 짧고 무늬가 아주 다양해요. 수컷은 긴 날개를, 암컷은 짧은 날개를 가졌지만, 삽사리는 날지 못해요. 암컷이 수컷보다 덩치가 더 커요.

알아둬야 할 중요한 사실!

삽사리는 '노랫소리'로 눈길을 끌어요. 최대 10미터 밖에서도 삽사리의 노랫소리를 들을 수 있어요. 수컷은 뒷다리 안쪽에 있는 톱처럼 생긴 기관으로 소리를 만들어요. 이것을 문지르면, '삽사리 삽사리'하는 소리가 나요. 암컷은 배의 끝에 기다란 산란관이 있고, 이것을 통해 땅속에 알을 낳아요.

삽사리는 아주 흔한 메뚜기예요. 모든 풀밭에 나타나고, 심지어 약을 심하게 뿌린 밭에서도 살아요. 그런 밭에 사는 메뚜기는 삽사리뿐이에요.

 삽사리의 몸길이는 1.3-2.2cm예요.

삽사리는 6월부터 11월까지 나타나요.

| 1월 | 2월 | 3월 | 4월 | 5월 | 6월 | 7월 | 8월 | 9월 | 10월 | 11월 | 12 |

메뚜기, 집게벌레, 좀벌레

큰녹색수풀여치

큰녹색수풀여치를 알아볼 수 있는 특징은 긴 더듬이, 긴 날개 그리고 초록색이에요. 큰녹색수풀여치는 토종 메뚜기 중에서 가장 커요. 암컷의 몸 끝에 긴 관이 달렸는데, 이것은 적을 찌르는 데 사용하는 무기가 아니라, 땅속에 알을 낳을 때 사용하는 산란관이에요.

놀라운 사실!

큰녹색수풀여치 수컷의 낭랑한 노랫소리는 최대 100미터 떨어진 곳까지 들려요. 낮부터 한밤중까지 주로 나무꼭대기에서 노래하는데, 그곳이 땅보다 더 따뜻하기 때문이죠. 수컷은 암컷보다 덩치가 작아요.

초록색 덕분에 큰녹색수풀여치는 풀숲에 감쪽같이 몸을 숨길 수 있어요. 이것은 수컷이에요.

큰녹색수풀여치는 덤불이 많은 풀밭과 들판뿐 아니라, 정원까지 밀고 들어와요.

큰녹색수풀여치의 몸길이는 최대 4cm예요.

큰녹색수풀여치는 7월부터 10월까지 나타나요.

| 1월 | 2월 | 3월 | 4월 | 5월 | 6월 | 7월 | 8월 | 9월 | 10월 | 11월 | 12월 |

메뚜기, 집게벌레, 좀벌레

들귀뚜라미

새까만 들귀뚜라미의 둥글 두툼한 머리에는 긴 더듬이가 달렸어요. 다리는 아주 튼튼하고 날개는 노란빛이 돌아요.

놀라운 사실!

수컷은 땅속에 굴을 파고 굴 입구에 자그마한 마당을 만들어요. 그리고 마당에 앉아 날개를 곤두세워 서로 비벼요. 그러면 귀뚤귀뚤 커다란 소리가 나고 이 소리는 50미터 밖까지 퍼져 암컷을 유혹해요. 아주 작은 방해에도 들귀뚜라미는 금세 연주를 멈추고 굴 속으로 사라져요.

 햇볕이 잘 드는 따사로운 길가와 황무지 그리고 그 비슷한 건조한 장소가 들귀뚜라미의 보금자리예요. 이들은 중유럽에서 북부보다는 남부에 더 자주 나타나요.

 들귀뚜라미의 몸길이는 2-2.6cm예요.

들귀뚜라미는 5월부터 7월까지 나타나요.

| 1월 | 2월 | 3월 | 4월 | 5월 | 6월 | 7월 | 8월 | 9월 | 10월 | 11월 | 12월 |

메뚜기, 집게벌레, 좀벌레

땅강아지

커다란 덩치와 포크레인을 닮은 앞발에서 땅강아지를 쉽게 알아볼 수 있어요. 주로 수컷이 땅속에서 큰 진동음을 내는데, 우리는 그 소리가 어디서 나는지 거의 알아채지 못해요.

땅강아지는 물가의 부드러운 땅속에 살고 정원에도 살아요. 어떤 지역에서는 흔히 나타나지만, 전반적으로 아주 희귀해졌어요.

알아둬야 할 중요한 사실!

땅강아지는 두더지처럼 땅속에 굴을 파요. 이때 땅강아지는 전진과 후진을 자유자재로 할 수 있어요. 주로 곤충의 애벌레를 먹지만, 때때로 식물 뿌리를 갉아 먹어요. 그래서 갓 심은 식물 밑의 부드러운 흙을 파내기도 하는데, 당연히 정원사들은 아주 싫어하죠.

땅강아지의 몸길이는 3.5-5cm예요.

땅강아지는 1년 내내 나타나요.

| 2월 | 3월 | 4월 | 5월 | 6월 | 7월 | 8월 | 9월 | 10월 | 11월 | 12월 |

 메뚜기, 집게벌레, 좀벌레

항라사마귀

항라사마귀는 대부분 초록색이지만 때때로 갈색이고, 머리가 작은 삼각형이에요. 주로 덤불 속에 꼼짝하지 않고 앉아 있는데, 이때 먹잇감을 낚아챌 때 사용하는 커다란 앞다리를 기도하듯 가슴 앞에 모으고 있어요. 그래서 '기도하는 사마귀'라 불리기도 해요.

놀라운 사실!

항라사마귀는 아주 재빨리 반응할 수 있어요. 풀숲에 완벽히 몸을 숨기고, 아무것도 모르는 메뚜기나 다른 여러 곤충에게 접근하여, 주머니칼처럼 생긴, 가시 돋친 강력한 앞다리로 재빠르게 공격해요. 그런 다음 강력한 주둥이로 먹잇감을 갈기갈기 찢어 먹어치워요.

유럽에서 항라사마귀는 라인강 상류 계곡, 스위스 남부, 티롤 남부, 오스트리아 동부 같은 따뜻하고 덤불이 많은 장소에만 나타나요.

항라사마귀의 몸길이는 4.5-7.5cm예요.

항라사마귀는 8월부터 11월까지 나타나요.

| 1월 | 2월 | 3월 | 4월 | 5월 | 6월 | 7월 | 8월 | 9월 | 10월 | 11월 |

메뚜기, 집게벌레, 종벌레  79

나무바퀴

햇살은 따사롭지만 아직은 약간 쌀쌀한 오전에, 갈색 나무바퀴가 나뭇잎에 앉아 조용히 햇볕을 쐬요. 하지만 대개는 땅에서 낙엽 사이를 재빠르게 이동하며 긴 더듬이로 끊임없이 주변을 탐색해요. 그렇게 썩은 풀을 찾아내 갉아 먹어요.

알아둬야 할 중요한 사실!

그냥 바퀴벌레라고 불리는 집바퀴는 몸길이가 최대 2.5cm이고, 건물 안에서만 지내는데, 특히 식당과 제과점에 많이 나타나요. 낮에는 틈새나 구멍에 숨어 있다가 밤이 되면 기어 나와 음식 찌꺼기와 부스러기를 먹어요. 이때 불이 켜지면, 빛을 싫어하는 집바퀴는 아주 재빠르게 다시 은신처로 도망쳐요.

나무바퀴는 주로 숲 가장자리, 숲 공터, 덤불 아래에서 흔히 볼 수 있지만, 정원에도 종종 나타나요. 하지만 건물 안에서는 결코 만날 수 없어요.

나무바퀴의 몸길이는 7-11mm예요.

나무바퀴는 5월부터 10월까지 나타나요.

메뚜기, 집게벌레, 종벌레

가라지거품벌레

넓은 타원형 날개가 달린 가라지거품벌레의 몸에는 갈색, 붉은색, 회색, 검은색이 섞인 다양한 무늬가 있어요. 누군가 침을 뱉어 놓은 것 같은 하얀 잔거품이 풀 줄기에 달려있는데, 그 안에서 가라지거품벌레의 애벌레가 자라요.

자세히 보아요!

가라지거품벌레 암컷은 가을에 벌써 작은 풀 줄기 틈새에 알을 낳아요. 봄에 알에서 나온 애벌레는 단백질이 풍부한 액체를 분비해요. 그것이 거품 둥지가 되고 애벌레는 거품의 보호 속에서 식물즙을 빨아먹으며 자라요. 이 거품 둥지는 빗물에도 끄떡없어요.

가라지거품벌레는 모든 풀밭과 들판 그리고 정원에도 있어요. 이들은 170종이 넘는 다양한 풀과 잡초의 달콤한 즙을 빨아 먹어요.

가라지거품벌레의 몸길이는 5-7mm예요.

가라지거품벌레는 7월부터 10월까지 나타나요.

| 1월 | 2월 | 3월 | 4월 | 5월 | 6월 | 7월 | 8월 | 9월 | 10월 | 11월 |

메뚜기, 집게벌레, 좀벌레

하루살이

가냘픈 몸에 실핏줄 같은 줄이 가득 그어진 커다란 날개가 달렸는데, 이 날개는 수평으로 펼쳐지지 못해요. 배에 기다란 꼬리줄이 세 개 달렸어요. 더듬이처럼 위로 솟은 아주 긴 앞다리에서 수컷을 알아볼 수 있어요.

알아둬야 할 중요한 사실!

하루살이는 아무것도 먹을 수가 없고 그래서 단 이틀에서 나흘 밖에 못 살아요. 저녁에 물 위 공중에서 '춤을 추는' 수컷을 볼 수 있어요. 짝짓기가 끝나면 암컷은 물속에 알을 낳고 죽어요. 애벌레는 최대 3년을 물 밑바닥에서 살다가 표면으로 올라와요. 그곳에서 허물을 벗고 어른 하루살이가 돼요.

꼬리줄

 깨끗한 냇물에 하루살이가 아주 많아요. 하루살이는 애벌레가 자라는 물 가까이에 항상 머물러요.

하루살이의 몸길이는 3-4.5cm예요.

하루살이는 5월부터 9월까지 날아다녀요.

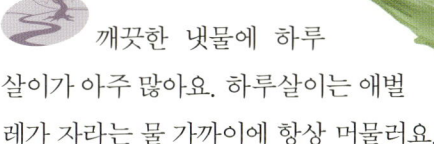

 메뚜기, 집게벌레, 좀벌레

날도래

날도래는 미세한 솜털로 덮인, 눈에 잘 띄지 않는 날개를 지붕 모양으로 등에 포개고 앉아 있어요. 머리에는 가늘고 긴 더듬이가 있어요.

놀라운 사실!

독일에서는 날도래를 '통벌레'라고 부르는데, 이 이름은 애벌레 때문에 생긴 거예요. 날도래 애벌레는 물 밑바닥에서 기다란 통 안에서 살아요. 이들은 이 통을 모래, 작은 달팽이집, 식물 줄기, 여러 나무 조각들로 직접 만들어요. 이 통은 떨어진 풀 조각을 먹는 애벌레를 육식 물고기들로부터 보호해줘요.

알아둬야 할 중요한 사실!

날도래 애벌레는 특히 깨끗한 물에서만 발견돼요. 그래서 과학자들은 날도래 애벌레를 근거로 수질을 측정하기도 해요.

날도래는 애벌레가 자라는 물 근처에(하천, 강, 연못, 호수) 항상 머물러요.

 날도래의 몸길이는 1-1.4cm예요.

날도래는 5월부터 10월까지 날아다녀요.

| 1월 | 2월 | 3월 | 4월 | 5월 | 6월 | 7월 | 8월 | 9월 | 10월 | 11월 |

메뚜기, 집게벌레, 좀벌레

풀잠자리

풀잠자리의 연약한 초록색 몸에는 몸체보다 훨씬 긴 투명한 날개가 달렸는데, 이 날개에는 실핏줄 같은 초록색 줄이 그어져 있어요. 길고 투명한 날개를 활짝 펴면, 그 폭이 최대 3cm에 달해요. 풀잠자리는 눈 색깔 때문에 '황금눈'이라 불리기도 해요.

풀잠자리는 아주 흔해요. 정원과 공원에 살고 때때로 집안으로도 날아들어요.

자세히 보아요!

풀잠자리는 풍선처럼 생긴 하얀 알을 낳아 진딧물 근처 가느다란 줄기에 붙여 놓아요. 이 알에서 갈색 애벌레가 나와 진딧물을 마구 먹어치워요. 풀잠자리 애벌레는 집게처럼 생긴 주둥이로 진딧물을 붙잡고 속을 빨아먹어요. 속을 다 빨아먹고 남은 진딧물의 빈 껍질을 등에 붙여서 위장해요.

풀잠자리의 몸길이는 1-1.5cm예요.

풀잠자리는 1년 내내 날아다녀요.

| 2월 | 3월 | 4월 | 5월 | 6월 | 7월 | 8월 | 9월 | 10월 | 11월 | 12월 |

 메뚜기, 집게벌레, 종벌레

집게벌레

기다란 갈색 집게벌레의 배 끝에 집게가 달렸어요. 수컷의 집게는 크고 안으로 휘었어요. 암컷의 집게는 더 작고 휘지도 않았어요. 등에 붙은 짧은 딱지날개가 눈에 띄어요.

알과 애벌레 곁에 있는 암컷(아래)과 수컷(위)

같이 해봐요!

화분에 대팻밥을 채운 후 과일나무에 (거꾸로) 매달아 두세요. 그것으로 여러분은 집게벌레에게 아주 훌륭한 은신처를 선물하는 거예요. 집게벌레는 낮에 숨어 있다가 밤이 되면 과일나무에서 진딧물을 사냥해요. 집게벌레는 땅에서 환영받지 못해요. 진딧물뿐 아니라 연한 어린 풀도 먹기 때문이죠.

조심해요!

수컷은 배에 달린 집게로 아프게 꼬집을 수 있어요.

집게벌레는 풀숲에, 틈새에, 구멍에 어디에나 살아요. 특히 정원과 테라스에 즐겨 머물러요.

집게벌레의 몸길이는 1-1.6cm예요.

집게벌레는 1년 내내 나타나요.

| 1월 | 2월 | 3월 | 4월 | 5월 | 6월 | 7월 | 8월 | 9월 | 10월 | 11월 |

메뚜기, 집게벌레, 좀벌레  85

진딧물

동글동글하게 생긴 진딧물은 회색 또는 짙은 초록색이에요. 날개가 있어 다른 풀로 이동할 수 있는 진딧물과 날개가 없는 진딧물이 번갈아 가며 나타나요. 전 세계에는 약 4,700여종의(한국에는 대략 300종의) 진딧물이 있는데, 종마다 좋아하는 식물이 각각 달라요.

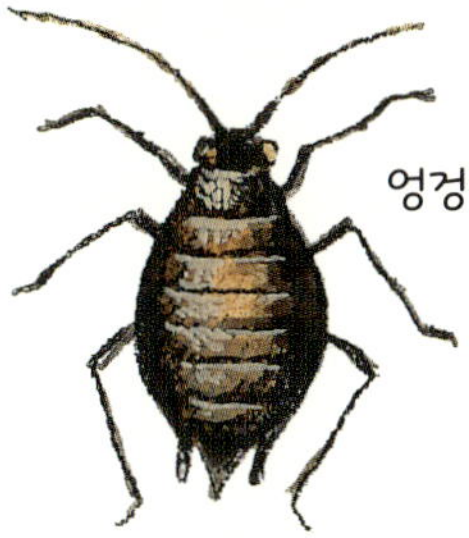

엉겅퀴진딧물

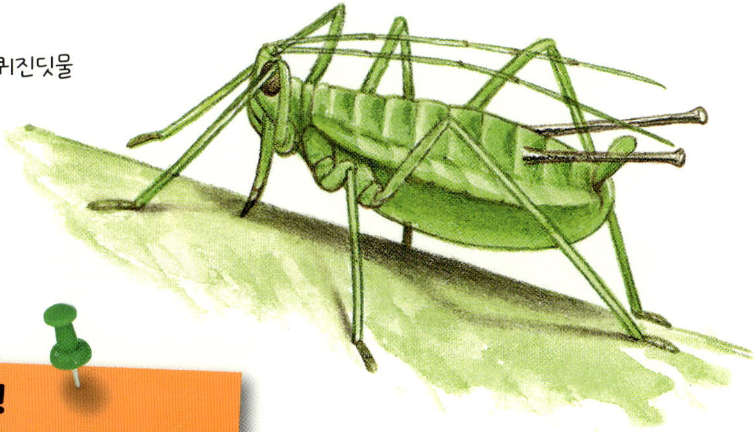

놀라운 사실!

진딧물은 봄에 빠른 속도로 번식해요. 암수 짝짓기 없이도 새끼를 낳기 때문에 그렇게 빨리 번식할 수 있는 거예요. 진딧물은 어린 풀 위에 빽빽하게 군집하여 식물의 즙을 빨아 먹어요. 이때 달콤한 액체가 분비되는데, 그것이 개미를 끌어들이고, 침엽수 숲에서는 벌들도 유혹해요.

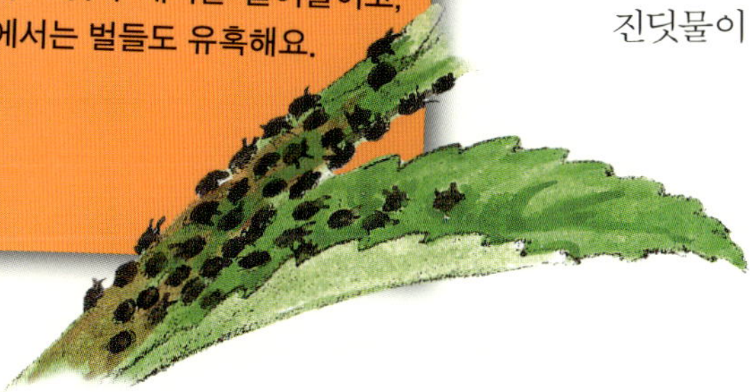

진딧물은 아주 흔해요. 어린 관목 가지와 풀에 주로 나타나고, 방안에 둔 화초에서도 진딧물이 발견될 수 있어요.

진딧물의 몸길이는 1.5-3.5mm예요.

진딧물은 5월부터 9월까지 나타나요.

거미류, 등각류, 다족류

유령거미

연회색의 유령거미는 작은 몸집에도 불구하고 길고 가느다란 다리 때문에 아주 커 보여요.

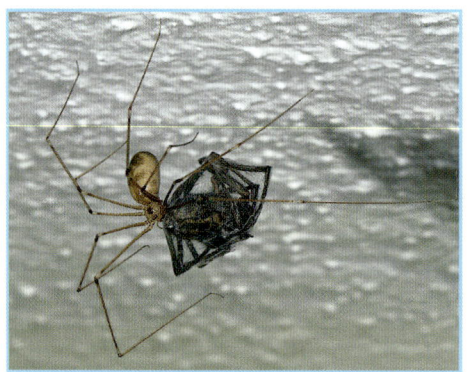

유령거미와 먹잇감

알아둬야 할 중요한 사실!

유령거미는 모기와의 전쟁에서 우리를 도와주는 아주 고마운 동맹군이에요. 유령거미는 '뒤죽박죽 지저분한' 그물을 천장 구석에 설치해요. 위협을 느끼면 이 그물을 흔들어 진동시켜요. 그렇게 천적의 눈을 속여 자신을 보지 못하게 해요. 유령거미는 최대 3년을 살 수 있어요.

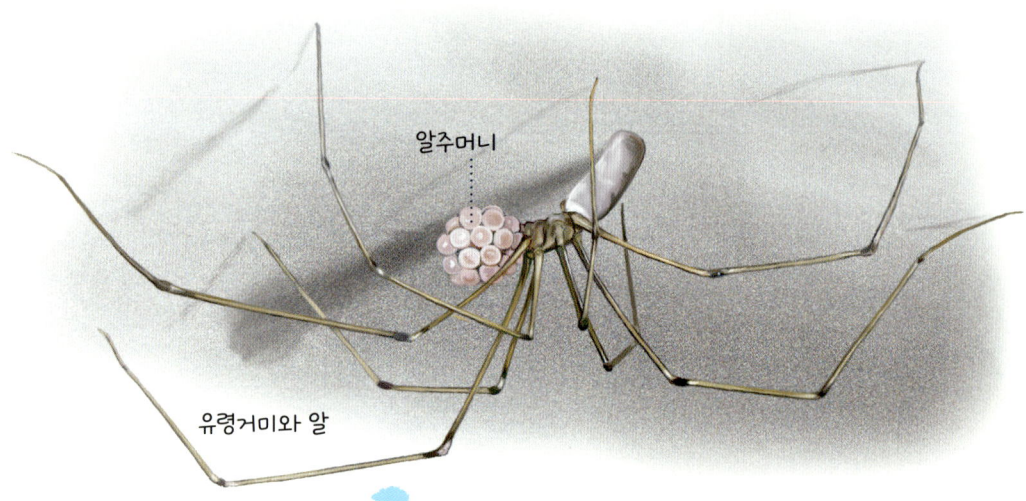

알주머니

유령거미와 알

유령거미는 매우 흔하고 건물 안에서만 발견돼요.

유령거미의 몸길이는 겨우 7-12mm예요.

유령거미는 1년 내내 나타나요.

| 1월 | 2월 | 3월 | 4월 | 5월 | 6월 | 7월 | 8월 | 9월 | 10월 | 11월 | 12 |

산왕거미

노란빛이 도는 적갈색 또는 암갈색 산왕거미의 두꺼운 배 위에서 하얀색 십자표가 빛나는데, 이것 때문에 '십자거미'라 불리기도 해도. 암컷은 수컷보다 몸집이 명확히 더 커요.

알아둬야 할 중요한 사실!

산왕거미는 매일 같은 자리에 거미줄을 쳐요. 거미줄 그물에는 사냥을 위한 끈적이는 줄과 이동을 위한 끈적이지 않는 줄이 섞여 있어요. 그물에 곤충이 걸리면, 재빨리 가서 깨물어 독으로 마비시켜요. 이 독은 곤충의 속살도 녹여요. 배가 고프면 곧바로 살을 빨아먹고, 그렇지 않을 때는 나중을 대비해 거미줄로 꽁꽁 싸서 매달아둬요.

산왕거미는 아주 흔하고 또한 눈에 가장 잘 띄는 거미예요. 숲, 정원, 들판, 풀밭의 덤불에 나타나요.

산왕거미의 몸길이는 1-2cm예요.

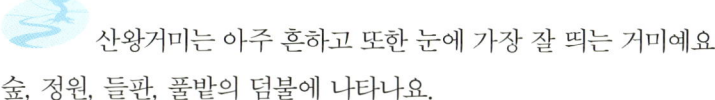

산왕거미는 7월부터 10월까지 나타나요.

| 2월 | 3월 | 4월 | 5월 | 6월 | 7월 | 8월 | 9월 | 10월 | 11월 | 12월 |

집거미

회갈색 집거미의 배에는 황갈색 지그재그 줄무늬가 있어요. 집거미가 다리를 쫙 뻗으면 최대 8cm 거리까지 닿을 수 있어요.

같이 해봐요!

집거미는 야행성이에요. 암컷은 거미줄 그물에서 가만히 기다리고, 몸집이 더 작은 수컷은 암컷을 찾아 여기저기 돌아다녀요. 이때 어쩌다 세면대에 떨어지면, 함정에 빠진 거나 마찬가지예요. 그들은 미끄러운 세면대 벽을 타고 올라가지 못해요. 세면대에 빠진 거미를 발견한다면 안전하게 구해주세요. 그들은 해충을 잡아주는 아주 고마운 사냥꾼이니까요. 여러분에게는 어떤 해도 끼치지 않을 테니 겁내지 말아요!

집거미는 지하실에 자주 나타나요. 또한, 바위와 담벼락에서도 사는데, 날씨가 추워지면 종종 집안으로 돌아와요.

집거미의 몸길이는 1-2cm예요.

집거미는 1년 내내 나타나요.

1월 2월 3월 4월 5월 6월 7월 8월 9월 10월 11월 12

거미류, 등각류, 다족류

늑대거미

늑대거미의 몸과 다리에는 얼룩덜룩한 갈색 줄무늬가 있어요. 여름에 암컷은 연회색 혹은 녹색 구슬을 등에 가득 업고 있어요(아래 그림을 보세요). 이 구슬들은 이른바 알주머니인데, 그 안에 알이 들어 있어요. 어린 거미가 알에서 나오면, 한동안 어미의 등에 계속 업혀 다녀요.

····· 어린거미

늑대거미는 탁 트인 숲의 낙엽 더미에서 주로 살아요. 햇볕이 잘 드는 길가와 정원에서도 늑대거미를 관찰할 수 있어요.

알주머니 ·····

자세히 보아요!

늑대거미는 그물 없이 사냥해요. 눈이 여덟 개인데, 그중 네 개가 특히 커요. 작은 곤충이 가까이 다가오면 재빨리 공격해요.

늑대거미의 몸길이는 약 1cm예요.

늑대거미는 4월부터 9월까지 나타나요.

| 월 | 2월 | 3월 | 4월 | 5월 | 6월 | 7월 | 8월 | 9월 | 10월 | 11월 | 12월 |

거미류, 등각류, 다족류

얼룩말거미

이 작은 거미는 짧지만 강력한 다리를 가졌고, 얼룩말처럼 검정-하양 줄무늬가 있어요. 눈이 여덟 개인데, 그중 두 개가 특히 커요.

매우 커다란 눈

놀라운 사실!

얼룩말거미는 시력이 대단히 좋아요. 시각만으로 파리와 여러 먹잇감을 찾아내요. 먹잇감을 발견하면 천천히 뒤를 따라가다가 갑자기 달려들어요. 이때 추락 사고를 막기 위해 밑에 미리 안전그물을 쳐 둬요.

얼룩말거미는 흔히 집안, 창턱, 벽에 나타나요. 나무줄기, 울타리 기둥, 바위, 여러 가파른 표면에서도 발견할 수 있어요.

얼룩말거미의 몸길이는 5-7mm예요.

얼룩말거미는 1년 내내 나타나요.

| 1월 | 2월 | 3월 | 4월 | 5월 | 6월 | 7월 | 8월 | 9월 | 10월 | 11월 | 12 |

거미류, 등각류, 다족류

통거미

통거미는 아주 작지만, 엄격히 말해 진짜 거미가 아니에요. 머리, 가슴, 배로 구분되는 곤충과 달리 통거미의 몸은 한 부분으로 이루어졌기 때문이죠. 통거미는 거미줄을 치지 못해요. 거미줄을 만드는 기관이 없거든요. 엄청나게 길고 가느다란 다리 여덟 개가 대표적인 특징이에요.

통거미는 숲의 풀과 덤불 안에 살지만, 정원과 집 벽에도 흔히 나타나요.

놀라운 사실!

통거미를 유리컵이나 유리병에 가둬선 안 돼요. 위협을 느끼면 악취가 나는 분비물을 쏘는데, 그러면 폐쇄된 유리병 안에서 결국 스스로 마비되고 말아요. 또한, 다리를 꺾고 잠시 몸을 들썩이며 경련을 일으켜 새와 다른 천적을 혼동시켜요. 그리고 그 틈에 도망쳐요.

작은 몸과 아주아주 긴 다리. 이런 모습에서 쉽게 통거미를 알아볼 수 있어요.

통거미의 몸길이는 3-7cm예요.

통거미는 6월부터 12월까지 나타나요.

거미류, 등각류, 다족류

진드기

검은색 다리 여덟 개가 달린 납작한 갈색 몸은 사과씨를 닮았어요. 어린 애벌레의 다리는 여섯 개뿐이에요. 암컷은 적갈색 배로 구별할 수 있어요.

알아둬야 할 중요한 사실!

숲과 풀밭을 두루 돌아다닌 뒤에는, 즉시 온몸을 샅샅이 살펴 진드기가 있는지 확인해야 해요. 진드기는 키 작은 풀에 살고 옷에 쓸려 여러분의 몸으로 올 수 있어요. 그러면 이들은 여러분의 몸에서 피를 빨아먹기 좋은 자리를 찾아요. 진드기가 주둥이를 여러분의 피부에 찔러 넣으면, 그 자리가 마비돼요. 그래서 여러분은 피가 빨리는 걸 알아차리지 못해요.

피를 가득 빨아먹은 진드기 암컷

조심해요!

진드기에게 물려도 기본적으로 아무런 해가 없어요. 그러나 진드기의 침(타액)을 통해 위험한 병원균이 전염될 수 있어요. 그러니 숲과 풀밭을 걸을 때는 긴 옷을 입고 앞이 막힌 신발을 신는 것이 가장 좋아요.

 진드기는 아주 흔해요. 축축한 숲과 풀밭, 공원과 정원에 나타나요.

 진드기의 몸길이는 2-4mm인데, 피를 가득 빨았을 때는 최대 1cm까지 커져요.

진드기는 3월부터 10월까지 나타나요.

| 1월 | 2월 | 3월 | 4월 | 5월 | 6월 | 7월 | 8월 | 9월 | 10월 | 11월 | 12월 |

거미류, 등각류, 다족류

쥐며느리

타원형의 검은색 갑옷은 여러 조각으로 이루어졌어요. 긴 더듬이가 마치 앞다리처럼 붙어 있어요. 쥐며느리의 다리는 일곱 쌍이에요.

알아둬야 할 중요한 사실!

쥐며느리는 곤충이 아니고 또한 거미류도 아니고 갑각류예요. 앞다리에 구멍이 있는데, 이것으로 쥐며느리는 산소를 빨아들일 수 있어요. 암컷의 배에는 물이 채워진 가슴주머니가 있고, 이 안에 알이 보관되고, 거기서 애벌레가 자라요.

쥐며느리는 주택가에서 (예를 들어 퇴비 더미 같은) 축축하고 어두운 곳과 활엽수 숲에 살아요. 낙엽이나 돌 밑에 혹은 느슨해진 나무껍질 속에 숨어 지내요.

쥐며느리의 몸길이는 1.5-1.8cm예요.

쥐며느리는 1년 내내 나타나요.

2월	3월	4월	5월	6월	7월	8월	9월	10월	11월	12월

거미류, 등각류, 다족류

노래기

자세히 보면, 갈색 또는 검은색 둥근 몸이 수많은 고리로 이루어졌음을 알 수 있어요. 고리마다 다리가 두 쌍씩 달렸어요. 허물을 벗을 때마다 다리가 달린 새로운 고리가 더해져요. 고리가 70개에 달하는 노래기도 있답니다.

알아둬야 할 중요한 사실!

노래기는 죽은 식물과 동물의 찌꺼기를 먹어요. 위협을 느끼면 납작한 나선 모양으로 몸을 말아요. 또한, 악취가 나는 액체를 뿌리기도 하는데, 50여 종의 토종 노래기 중 일부는 독성이 강한 청산 액체를 뿌려요.

야행성인 노래기는 숲의 낙엽 밑에 그리고 느슨해진 나무껍질 속에 살아요. 숲 가장자리와 길가 혹은 채석장 돌 밑에 숨어 살아요. 아주 흔히 나타나요.

노래기는 직선으로 전진해요.

노래기의 몸길이는 최대 5cm예요.

노래기는 1년 내내 나타나요.

| 1월 | 2월 | 3월 | 4월 | 5월 | 6월 | 7월 | 8월 | 9월 | 10월 | 11월 |

거미류, 등각류, 다족류  95

돌지네

적갈색 몸은 아주 납작하고 15개 조각으로 이루어졌으며, 각 조각에는 다리 한 쌍이 달렸어요. 마지막 다리 한 쌍은 아주 길어요. 여기에 분비샘이 있고, 여기서 끈적한 분비물이 나와요. 돌지네는 이 분비물로 먹잇감을 마비시켜요. 머리에 긴 더듬이가 달렸어요.

돌지네는 풀밭과 숲, 공원과 정원에서 축축한 자리에 흔히 나타나요. 낮에는 썩은 나무 속, 돌이나 나무껍질 밑에 숨어 있어요.

알아둬야 할 중요한 사실!

돌지네는 밤에 사냥을 나가요. 긴 더듬이로 주변을 수색해요. 쥐며느리나 곤충 혹은 다른 먹잇감이 더듬이에 닿으면, 즉시 독성이 있는 강력한 집게로 공격해요. 그다음 마비된 먹잇감을 주둥이로 갈기갈기 찢어 먹어요.

조심해요!

돌지네는 모든 지네와 마찬가지로 아프게 물 수 있어요.

돌지네의 몸길이는 2-4cm예요.

돌지네는 1년 내내 나타나요.

| 2월 | 3월 | 4월 | 5월 | 6월 | 7월 | 8월 | 9월 | 10월 | 11월 | 12월 |

곤충 전문가가 되어보세요!

무당벌레가 진딧물을 잡아먹는 모습을 관찰해본 적이 있나요? 먹이를 먹는 애벌레 혹은 사냥 중인 거미를 관찰한 적은요? 없다고요? 그렇다면 당장 자연으로 탐험을 떠나세요. 사방 곳곳에 곤충, 거미, 기어 다니는 벌레들이 있어요. 발견하기도 아주 쉬워요. 막대형 돋보기나 컵형 루페(확대경)를 손에 들고 나가면, 관찰하기가 더 쉬워요.

곤충을 발견할 수 있는 곳
- 꽃 위, 식물의 줄기와 잎의 위아래 면
- 숲의 낙엽 더미, 정원의 식물들
- 돌이나 화분 아래, 그 밖의 숨을 만한 곳

놀라운 사실!
세상에는 120만 종이 넘는 곤충이 있다고 알려져 있어요. 또한 거미는 전세계에 3만종이 있고, 한국에는 600여종이 있어요.

컵형 루페가 있으면, 곤충을 잘 관찰할 수 있을 뿐 아니라 손쉽게 잡을 수도 있어요. 컵형 루페를 곤충 밑에 대고 식물을 살살 흔들면 곤충이 컵 안으로 떨어져요. 혹은 컵형 루페로 곤충을 덮은 뒤 얇은 종이를 컵 입구와 바닥 사이에 밀어 넣으세요.
짜잔, 벌써 잡았어요.

알아둬야 할 중요한 사실!
부디 조심스럽게 다뤄주세요. 곤충, 거미, 그 밖의 벌레들은 아주 연약한 생명체예요. 조심스럽게 다루지 않으면, 쉽게 다치거나 심지어 죽을 수도 있어요. 어떤 경우에도 그런 일은 절대 일어나선 안 돼요. 언제나 아주 조심스럽게 살포시 만지고 잡아 보세요. 그런 다음 다시 안전하게 원래 자리에 내려놓으세요.

항상 조심스럽게 곤충을 다루세요.
사진 속 곤충은 큰녹색수풀여치예요.

간단한 장치로 곤충을 불러모을 수 있어요.
어떻게 하냐고요? 아래를 참고하세요.

같이 해봐요!

곤충은 노란색을 좋아해요! 노란색 티셔츠를 입었을 때, 모기, 파리, 나비, 그 밖의 여러 곤충이 마법에 걸린 듯 몰려드는 것을 경험한 적이 있지 않나요? 밖에 노란색 종이를 걸어두면, 수많은 곤충이 그곳을 방문하고, 여러분은 쉽게 곤충을 관찰할 수 있어요. 정원, 풀밭, 숲 등 다양한 장소에 노란색 종이를 둔 다음, 어떤 곤충이 오나 관찰해보세요. 하지만 그 종이를 그냥 밖에 버려두지 말고 꼭 다시 챙겨 오세요.

사진과 같은 전등은 수많은 나방을 불러모아요.

같이 해봐요!

나방을 발견하기는 그리 쉽지 않아요. 하지만 큰노랑뒷날개나방은 불 켜진 방에 종종 들어와 여기저기 헤매고, 어떤 나방들은 가로등 불빛 아래 모여들기도 해요. 손전등으로 덫을 만들 수 있어요. 정원의 나뭇가지에 손전등을 켜서 실에 매단 다음, 불빛이 향하는 곳에 하얀 수건을 잘 펴서 역시 나뭇가지에 걸어두세요. 이제 나방들이 하얀 수건 위에 몰려들어요. 그들을 관찰해보세요. 얼마나 많은 다양한 나방이 발견되는지, 그들의 이름은 무엇인지 알아보세요. 그런 다음 손전등을 다시 끄세요. 그래야 나방들이 다시 먹이나 짝을 찾아 떠날 수 있으니까요.

알에서 어른 곤충으로

곤충은 성충의 모습이 아니라 애벌레의 모습으로 알에서 나와요. 애벌레는 처음에 아주 작고 끊임없이 먹어야만 해요. 성충이 되려면 계속해서 피부를 바꿔야 해요. 그것을 탈피라고 부르는데, 탈피 과정에서 오래된 피부가 벗겨지고 애벌레의 몸집이 더 커져요. 더 커진 애벌레는 계속해서 먹어요.

애벌레가 성충이 되는 방법은 불완전변태와 완전변태 두 가지가 있어요. 생물학자들은 곤충의 발달을 '변태'라고 불러요.

알아둬야 할 중요한 사실!

곤충의 애벌레는 여러 다양한 모습이고, 부르는 이름도 달라요.

- **유충** : 나비류의 애벌레를 이렇게 불러요. 이들은 강력한 주둥이와 다리를 가졌고 먹이를 스스로 찾아요.
- **구더기** : 다리가 없는 하얀색 애벌레로, 파리와 말벌의 애벌레를 이렇게 불러요. 이들은 똥 같은 먹이 안에 꼼짝하지 않고 누워 있거나, 일꾼들이 구해오는 먹이를 받아먹어요.
- **굼벵이** : 쌍무늬바구미, 유월딱정벌레 같은 풍뎅이과 곤충의 애벌레를 이렇게 부르는데, 이들은 반달 모양으로 몸을 말고 땅속에 누워 있어요.

구더기

자세히 보아요!

별노린재를 관찰하면, 불완전변태를 명확히 확인할 수 있어요. 여름에 별노린재 무리를 발견하면, 각각의 크기가 아주 다양한 것이 눈에 띌 거예요. 몸에 난 빨강-검정 무늬 역시 탈피를 거듭할수록 조금씩 달라져요.

불완전변태

잠자리, 노린재, 메뚜기, 하루살이의 경우 애벌레는 탈피를 거듭할수록 점점 성충과 비슷해져요. 마지막 탈피 때 날개가 생기고 성별이 결정돼요.

완전변태

나비, 딱정벌레, 꿀벌, 말벌, 땅벌, 개미 그리고 모기와 파리처럼 날개가 두 개인 곤충은 완전변태를 해요. 애벌레는 탈피를 통해 성충과 점점 비슷해지지 않고, 발달의 마지막 단계에 완전히 모습을 바꿔요. 그것이 번데기 단계예요.

자연으로 탐험을 떠나요 | 99

애벌레는 번데기 안에서 잠을 자고, 그들의 몸은 이제 성충의 몸으로 바뀌어요.

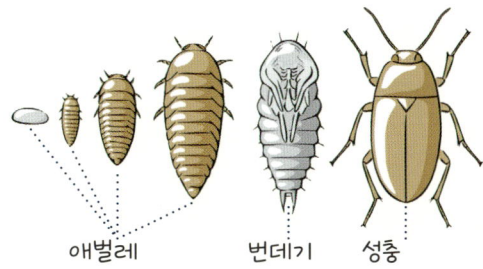
애벌레   번데기   성충

같이 해봐요!

5월부터 쐐기풀에서 쐐기풀나비와 공작나비의 까만 애벌레를 발견할 수 있어요. 애벌레 두세 마리와 함께 쐐기풀 하나를 꺾어 물에 꽂아두세요. 물병 입구를 솜으로 막아 애벌레가 물에 빠지지 않게 하세요. 그런 다음 이것을 햇볕이 곧장 들지 않는 환한 곳에 두세요. 매일 쐐기풀을 새로 꺾어와 애벌레가 언제나 넉넉하게 먹을 수 있게 해주세요. 애벌레들이 신선한 잎으로 이동하면 옛날 쐐기풀은 치우세요. 이제 여러분은 애벌레가 쐐기풀을 먹는 모습과 탈피 때마다 점점 커져서 어느 날 번데기가 되는 과정을 관찰할 수 있어요. 2주 뒤에 번데기에서 나비가 나오면 자유롭게 날아가도록 즉시 밖에 풀어줘야 해요.

놀라운 사실!

곤충들은 대개 애벌레 단계가 성충의 일생보다 훨씬 길어요. 예를 들어, 사슴벌레는 애벌레로 7년을 보낸 뒤에야 번데기가 될 수 있어요. 번데기에서 나온 사슴벌레는 겨우 몇 달을 살아요. 하루살이는 애벌레로 2년을 살고 성충이 되어서는 단 이틀에서 나흘만 살아요. 먹이를 먹지 않는 성충이 아주 많고, 모든 성충은 더는 성장하지 않아요. 성충의 과제는 짝을 찾아 짝짓기하고 알을 낳는 거예요.

물속에 사는 곤충

하천과 강, 연못과 호수 안팎에 곤충들이 우글거려요. 잠자리들은 빠르게 이리저리 날아다니고, 소금쟁이는 스피드스케이트 선수처럼 물 표면을 미끄러지듯 달리고, 둑 아랫부분에는 모기의 애벌레와 번데기가 숨 막대와 함께 매달려 있고 물밑에서는 날도래 애벌레가 먹이를 찾고 있어요. 이 곤충들을 여러분은 이 책에서 이미 만났어요. 그러나 물속에는 훨씬 더 많은 곤충이 살아요. 저녁 무렵에 자연 연못의 수면에서 동그라미 혹은 사선을 그리며 부지런히 맴도는 까맣고 작은 딱정벌레를 발견할 수 있어요. 이 곤충은 5mm 길이의 물맴이예요. 물맴이는 분리된 눈 덕분에 물 위와 아래를 동시에 볼 수 있어요.

물맴이

우물과 연못에서 여러 다양한 물방개가 물속을 다니며 올챙이와 다른 작은 수생동물을 사냥해요. 가장 잘 알려진 물방개는 약 3.5cm 크기의 배물방개붙이인데, 이것과 비슷하게 생긴 잠수딱정벌레는 크기가 절반 밖에 안 돼요. 배물방개붙이와 잠수딱정벌레 모두 숨을 쉬기 위해 물 밖으로 나와야 해요.

같이 해봐요!

그물이나 곤충 채집망으로 아주 조심스럽게 수생동물을 물 밖으로 꺼낼 수 있어요. 먼저 (투명한) 양동이에 물을 채워 준비해 두세요. 그래야 잡은 동물을 곧바로 다시 물에 넣어줄 수 있어요. 양동이는 그늘에 둬야 해요. 그래야 관찰하는 동안 물이 따뜻해지지 않아요. 그런 다음 동물을 다시 조심스럽게 원래 있던 물로 돌려보내세요. 연꽃의 커다란 잎을 뒤집어 보세요. 잎 아랫면에 다양한 수생동물이 붙어 있어요.

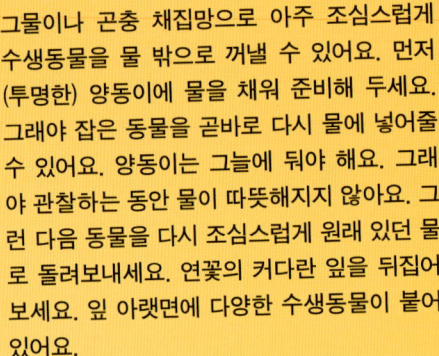

배물방개붙이

수많은 노린재가 물속 생활에 특화되었어요. 2cm 길이의 물전갈과 늘 등을 대고 헤엄치는 약간 더 작은 송장헤엄치게가 물풀들 사이에 숨어 먹잇감을 노려요. 둘은 긴 주둥이로 아프게 찌를 수 있어요. 생김새가 대벌레를 닮은 4cm 길이의 바늘노린재(Ranatra linearis) 역시 호숫가 물풀이 많은 곳에 사는 잠복 사냥꾼이에요.

놀라운 사실!

연한 갈색의 수련나방(Elophila nymphaeata)은 애벌레가 물속에서 사는, 지구에서 몇 안 되는 나비예요. 이들은 잎 두 조각으로 작은 지붕을 만들어 쓰고 그 안에 숨어 수련 잎의 아랫면을 기어 다니며 잎을 갉아 먹어요.

알아둬야 할 중요한 사실!

연못과 호수 바닥에 잠자리 애벌레가 살아요. 늘 배가 고픈 이 육식성 애벌레는 정교한 사냥 가면을 쓰고 있는데, 이 가면 덕분에 이들은 올챙이, 작은 물고기, 다른 먹잇감을 기습적으로 잡을 수 있어요. 잠자리 애벌레는 물속에서 1-3년을 살아요. 그다음 갈대 줄기를 기어올라 물 밖으로 나와 풀에 딱 붙어 있어요. 애벌레의 피부가 갈라지고 잠자리가 거기서 기어 나와요. 잠자리가 벗어놓고 간 빈 허물을 갈대 줄기에서 발견할 수 있는데, 그러면 흔적 수집을 위해 떼어오세요.

❸ 잠자리가 허물을 벗고 나와요.

❶ 물속에 알 낳기

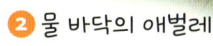

❷ 물 바닥의 애벌레

거미의 흔적을 찾아서

모든 거미는 곤충과 다른 작은 벌레를 잡아먹는 사냥꾼이에요. 거미들은 서로의 사냥을 방해하지 않기 위해, 먹잇감을 잡기 위한 수많은 다양한 사냥전략을 개발했고 그 과정에서 또한 수많은 다양한 생활공간을 점령했어요. 가장 눈에 띄는 거미는 역시, 둥글게 퍼진 아름다운 거미줄 그물을 치는 산왕거미예요. 그러나 그 외에도 수많은 다양한 모양의 거미줄 그물이 있어요(아래의 '같이 해봐요!'를 보세요).

게거미

끈적끈적한 거미줄에는 파리, 모기, 딱정벌레, 나비, 꿀벌, 말벌이 붙잡혀 있어요. 늑대거미, 깡충거미, 게거미는 거미줄 그물 없이 사냥해요. 이들은 바닥, 바위, 벽에 숨어서 혹은 심지어 꽃처럼 위장하고 꽃에 앉아 먹잇감을 노려요. 이때 이들은 자기보다 덩치가 훨씬 큰 곤충과 벌레도 잡아요.

자세히 보아요!

커다란 거미줄 그물을 치는 산왕거미와 여타 거미들의 배 끝 아랫부분에서 거미줄 기관을 알아볼 수 있어요. 거미가 어떻게 거미줄을 만드는지 관찰하고 싶으면, 거미줄 그물을 치고 있는 산왕거미를 잘 지켜보세요. 저녁에 관찰 기회가 가장 높은데, 거미들은 주로 저녁에 거미줄 그물을 치기 때문이죠. 산왕거미 한 마리가 거미줄 그물을 하나 완성하는 데 약 45분이 걸려요.

놀라운 사실!

전 세계 어디에나 거미가 있어요. 아주 멀리 떨어진 외딴섬에도 있어요. 그들은 작은 어린거미로 그곳에 도달했어요. 자기가 만든 거미줄에 걸린 채 세계 여행을 한 거죠. 그들은 세계의 바다를 건너 사막에, 열대우림에, 생명이 살기 힘든 극지방에도 도달해요(하지만 그다음 얼어 죽거나 곤충 같은 먹잇감이 없어 굶어 죽어요). 거미는 심지어 10000미터 상공의 비행기에서도 발견된 적이 있어요.

자연으로 탐험을 떠나요 103

같이 해봐요!

대다수 거미는 직접 거미줄 그물을 쳐서 먹잇감을 잡아요. 분무기를 이용하면 거미줄 그물을 쉽게 발견할 수 있어요. 정원이나 길가, 숲 가장자리에 있는 덤불, 생울타리, 풀 그리고 풀밭이나 잔디밭 혹은 풀 밑의 땅에 분무기로 물을 뿌려보세요. 그러면 가느다란 거미줄 그물이 눈에 보일 거예요. 어떤 거미가 쳐놓은 그물인지 알아맞혀 보세요.

- 둥글게 퍼진 그물 : 산왕거미, 긴호랑거미, 먼지거미, 긴턱거미, 가을거미
- 삼각형 그물 : 삼각형거미
- 바닥에 있는 깔때기 모양 그물 : 깔때기거미
- 접시 모양 그물 : 접시거미
- 두건 모양 그물 : 꼬마거미
- 파이프 모양 그물 : 지갑거미줄거미

닷거미는 물가에서 먹이를 잡아요. 이 거미는 심지어 물 위를 걸을 수 있고 물에 떨어진 곤충을 잡아먹을 수 있어요. 물속에서 사냥하는 거미는 세상에서 물거미 한 종뿐이에요.

놀라운 사실!

항상 물속에 사는 거미는 세상에서 물거미 하나뿐이에요. 물거미는 직접 짠 그물로 일종의 산소통 같은 공기주머니를 만들어 물풀 줄기에 달아두고, 물 표면에서 계속 공기를 가져와 이 주머니를 채워요. 이 공기주머니 안에서 물거미는 사냥해온 수생동물을 먹고, 탈피하고, 짝짓기하고 알을 낳아요.

산왕거미의 둥글게 퍼진 거미줄 그물

자연으로 탐험을 떠나요

다양한 딱정벌레

딱정벌레는 세상에서 가장 성공한 동물이자 종류가 가장 다양한 동물이에요! 모양과 색깔이 아주 다양한 딱정벌레가 전 세계에 50만 종 넘게 퍼져 사는데, 그중에서 한국에는 8000종 이상이 있어요. 갑옷처럼 단단한 딱지날개가 연약한 날개를 보호하는 강력한 몸 덕분에 딱정벌레는 지구 모든 곳에 적응할 수 있었어요. 다양한 모양의 강력한 주둥이로 이들은 살았든 죽었든, 식물이든 동물이든, 뭐든지 먹었어요.

같이 해봐요!

다양한 딱정벌레를 가능한 한 많이 발견해보세요. 여러분의 정원, 근처 공원과 숲 혹은 들판을 수색하세요. 땅바닥, 꽃, 덤불, 나무, 낙엽 더미, 썩은 나무를 살펴보세요. 발견한 딱정벌레가 어떤 종인지 알아맞혀 보세요.

딱정벌레 기초 분류

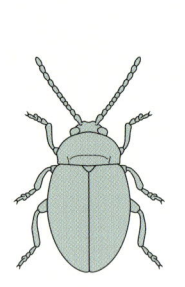

잎벌레
등이 둥글게 솟은 몸, 줄 모양의 더듬이. 약 600종이 있어요.

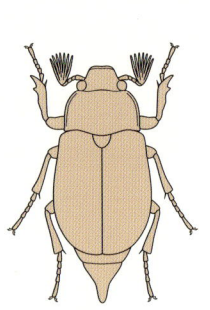

풍뎅이
부채 모양의 더듬이 끝, 다부진 몸. 약 200종이 있어요.

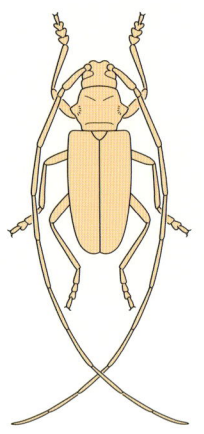

하늘소
더듬이가 아주 길고 화려한 색을 띤 경우가 많아요. 약 200종이 있어요.

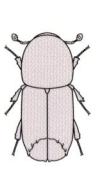

나무껍질딱정벌레
애벌레가 목재나 나무껍질 속에서 자라요. 약 120종이 있어요.

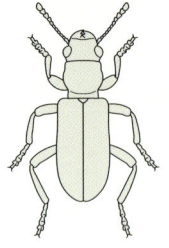

개미붙이
알록달록 눈에 띄게 화려해요. 약 30종이 있어요.

자연으로 탐험을 떠나요 | 105

자세히 보아요!

숲에서 느슨해진 나무껍질을 찾아보세요. 쓰러진 나무줄기가 있다면 숲 가장자리에서도 찾을 수 있어요. 나무껍질 안쪽을 잘 살펴보세요. 어쩌면 거기서 나무껍질딱정벌레 애벌레가 갉아 먹은 검은 흔적을 발견할지 몰라요. 이 흔적의 무늬를 통해 여러분은 심지어 어떤 벌레가 갉아먹었는지 알아낼 수 있어요.

놀라운 사실!

무당벌레의 등에 점이 많다고 해서 나이가 많은 건 아니에요. 약 80종에 달하는 다양한 토종 무당벌레 모두가 각각 나름의 특별한 점박이 무늬를 가졌어요. 가장 유명한 칠성무당벌레의 점 일곱 개 이외에도, 점이 두 개 혹은 22개가 있는 무당벌레도 있어요. 무당벌레의 색은 빨강-검정 혹은 노랑-검정이에요.

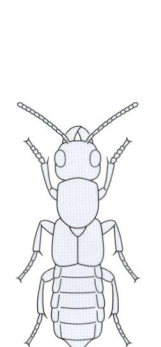
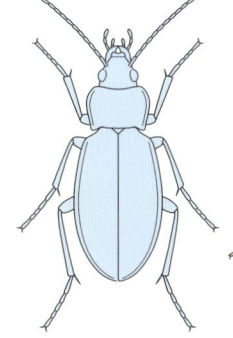

반날개
날씬한 몸, 아주 짧은 딱지날개. 약 1400종이 있어요.

딱정벌레
육식성이고 땅에서 사냥해요. 약 500종이 있어요.

무당벌레
반달 모양이고 대개 진딧물을 잡아 먹어요. 약 80종이 있어요.

바구미
아주 긴 주둥이로 주로 식물의 즙을 빨아 먹어요. 약 640종이 있어요.

물방개
유선형 몸, 발에 난 긴 털. 물속에 살아요. 약 260종이 있어요.

곤충 호텔 짓기

자연에서 곤충이 집을 지을 곳, 잠잘 곳, 겨울을 날 곳이 점점 줄어들어요. 그러니 곤충 호텔을 지어 도와주세요. 구멍 벽돌이나 격자 벽돌, 화분, 식물 줄기, 나무판, 찰흙으로 아주 쉽게 만들 수 있어요.

찰흙 속 구멍과 지푸라기 안에서 곤충 애벌레들이 자랄 수 있어요.

야생벌 호텔 만들기

❶ 길쭉한 점토 화분에 젖은 모래를 채우고 ❷ 표면을 평평하게 다져요 ❸ 그런 다음 나무막대로 미리 구멍을 만든 다음 ❹ 약 10cm 길이로 자른 갈대 줄기나 대나무 줄기를 구멍 안에 꽂으세요.

정원에서 바람과 비를 막을 수 있는 따뜻한 자리에 여러분이 만든 곤충 호텔을 두세요. 비와 직사광선을 막을 수 있게 작은 지붕도 달아 주세요.

자연으로 탐험을 떠나요 | 107

같이 해봐요!

나비를 위한 꽃밭을 만들어 보세요. 이 꽃밭에는 꿀이 풍부한 꽃들을 아주 많이 심어, 다양한 나비들이 배불리 먹을 수 있게 할 거예요. 부들레야(나비꽃, Buddleja davidii), 등골나물, 개박하, 에키네시아, 오레가노, 리아트리스. 어떤 화원이나 꽃시장에서는 나비 꽃밭을 위한 꽃만 따로 묶어서 팔기도 해요. 그러니 그걸 사다가 심어도 돼요. 나비는 달콤한 꽃꿀뿐 아니라 짭짤한 소금도 먹어야 하니, 작은 접시에 소금도 놓아 주세요. 소금이 비에 젖지 않게 지붕을 만들어 주는 것도 잊지 마세요!

같이 해봐요!

풀잠자리를 위한 겨울 호텔을 만들어 보세요. 풀잠자리 애벌레는 아주 열심히 진딧물을 잡아먹어요. 나무상자를 암갈색으로 칠하고 그 안에 지푸라기를 채워, 이 아름다운 풀잠자리에게 겨울 숙소를 마련해 주세요. 풀잠자리를 위한 겨울 호텔은 늦여름에 걸어둬야 해요. 과일나무나 담벼락 1.5-2미터 높이에, 입구가 앞으로 보이게 걸어주세요.

야생벌들은 이런 아름다운 호텔을 즐겨 이용해요.

같이 해봐요!

무당벌레를 위한 겨울 호텔을 만들어 보세요. 무당벌레는 서리를 맞지 않는 안전한 곳, 이를테면 여러분이 지어준 겨울 호텔에서 성충의 모습으로 겨울을 보내요. 먼저 둥지 상자에 지름이 약 8mm인 구멍을 여러 개 뚫으세요. 상자 안을 톱밥으로 채운 후 햇볕이 잘 드는 자리에 두세요. 진딧물이 아주 많은 풀 바로 옆이면 더욱 좋아요.

곤충 왕국

메뚜기, 잠자리, 나비 그리고 그 외 수많은 곤충은 애벌레가 먹이를 찾을 수 있는 장소에 알을 낳아요. 그런 다음 알을 그냥 그렇게 내버려 둬요. 물론, 새끼들을 돌보는 곤충들도 있어요. 예를 들어, 집게벌레 암컷은 흙 틈에 낳은 알을 깨끗하게 핥고, 더 나아가 도둑이 훔쳐가지 못하게 방어하며 보초를 서요. 쇠똥구리(42쪽 참고)와 송장벌레(41쪽 참고)는 똥이나 송장(예를 들어 죽은 생쥐)을 땅속에 묻고 그 위에 알을 낳아, 애벌레를 위한 진수성찬 천국을 만들어요. 송장벌레 암컷은 심지어 애벌레가 알에서 나올 때까지 기다리고, 생후 며칠 동안 애벌레에게 먹이를 먹여요.

번식을 위해 새끼를 돌보는 방식을 가장 잘 발달시킨 곤충은 말벌, 꿀벌, 뒤영벌, 땅벌 그리고 개미(54~63쪽 참고)예요. 이들은 가장 잘 조직된 곤충 왕국에 살아요. 왕국의 규모는 아주 다양한데, 어떤 왕국은 단지 몇백 마리로 구성되고, 대부분의 개미 왕국처럼 어떤 왕국은 수백만 마리로 구성돼요. 모든 왕국에는 한 마리 혹은 여러 마리의 여왕과 암컷 일꾼들이 살아요. 어린 여왕이 알을 낳아야 할 때만 수컷이 곤충 왕국에 살아요.

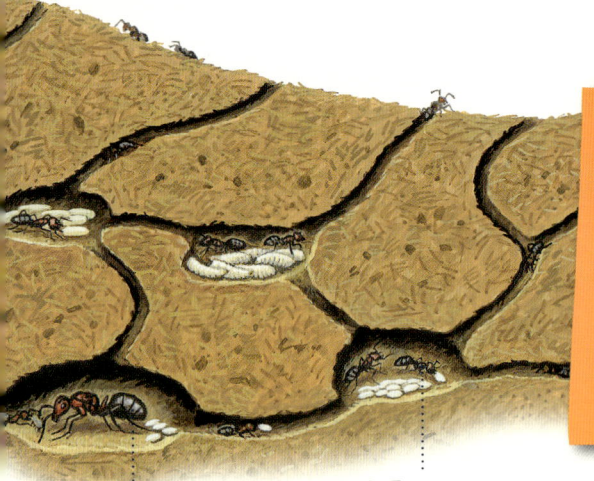

여왕개미

알을 돌보는 일개미

놀라운 사실!

개미 한 마리는 비록 특별히 영리하지 않지만, 뭉치면 놀라운 일을 해내요. 개미들이 몸과 몸을 연결해 다리를 만들어 냇물을 건너는 모습이 이미 목격되었어요. 홍수에 젖은 둥지를 개미들은 기발한 방식으로 말려요. 일개미들이 물을 입에 머금고 둥지 밖으로 나가 다시 뱉어내요.

자연으로 탐험을 떠나요 109

놀라운 사실!

꿀벌은 태어나서 죽을 때까지 벌집에서 각자 다양한 업무를 담당해요.
벌 한 마리의 업무계획은 대략 다음과 같아요.
- 1-4일 : 새로운 알을 위해 방 청소, 넉넉한 휴식
- 5-10일 : 애벌레에게 먹이 주기
- 9 혹은 10일 : 벌집 근처에서 첫 번째 짧은 시험 비행
- 11-18일 : 밀랍을 분비하여 벌집 짓기, 식량창고에 꽃꿀 채우기, 청소하기, 죽은 동료를 집 밖으로 치우기
- 19-20일 : 입구 지키기
- 21-35일(죽음) : 밖에서 꽃꿀과 꽃가루 모아오기, 날씨가 나쁘면 집에서 일하기

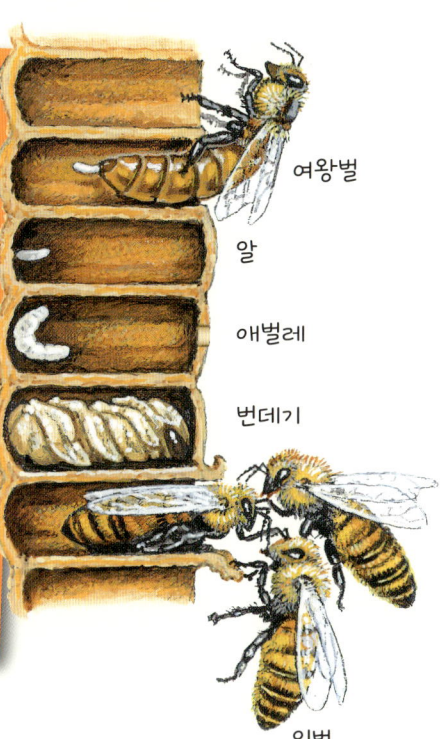

여왕벌
알
애벌레
번데기
일벌

자세히 보아요!

꿀벌, 뒤영벌, 말벌, 땅벌은 오직 일벌들만 침을 쏠 수 있어요. 여왕벌이 알을 낳을 때 쓰는 산란관이, 일벌의 경우 독샘이 있는 침으로 바뀌었어요. 그래서 여왕벌은 쏘지 못해요.

알아둬야 할 중요한 사실!

국가에서처럼 곤충 왕국의 곤충들은 담당 과제를 나눠 맡아요. 그래서 여왕은 오로지 알을 낳고 그 대신에 일꾼들로부터 먹이를 받아요. 어떤 일꾼들은 알과 애벌레를 돌보고, 어떤 일꾼들은 먹이를 모아와 식량창고에 저장해요. 또 어떤 일꾼들은 쓰레기를 치우고 죽은 동료들을 집 밖으로 내보내고, 집을 고치거나 확장하거나 새로 지어요. 입구를 지키며 왕국에 속한 동물만 안으로 들여보내고 낯선 동물은 쫓아내요.

곤충 세계의 기네스

곤충은 공룡보다 더 오래전부터 지구에 살았고, 번식과 생존에서 가장 성공한 동물이에요. 동물 5종 중 적어도 4종은 곤충이고, 곤충은 사막에서 열대우림까지, 남극에서 높은 산악지대까지 모든 서식지를 정복했어요. 바다 한복판조차 바다소금쟁이의 보금자리죠. 곤충이 수많은 세계 기록을 가지고 있는 건 당연해요.

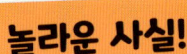

놀라운 사실!

몸길이가 7.5cm나 되는 사슴벌레가 있는데, 독일에서 가장 크고 무거운 딱정벌레죠. 수컷의 커다란 위턱은 사슴뿔을 닮았어요. 이런 강력한 위턱으로 사슴벌레는 다른 수컷과 싸울 수는 있지만, 먹이를 쪼갤 수는 없어요. 사슴벌레는 붓처럼 생긴 작은 혀로 달콤한 나무즙을 핥아먹어요.

곤충이 가지고 있는 세계 기록 몇 개를 소개해 볼까요?

황제잠자리

약 3억 년 전 석탄기 말에 '메가네우라' 잠자리가 살았어요. 이 잠자리가 날개를 활짝 펴면 그 길이가 70cm였는데, 대략 집비둘기의 날개 길이와 같아요. 오늘날 그렇게 큰 곤충은 없어요. 현재 가장 큰 잠자리는 황제잠자리예요. 황제잠자리가 날개를 활짝 펴면 그 길이가 10cm에 달하고, 이것은 여전히 세계 기록이에요. 황제잠자리는 약 4만 개의 낱눈을 가졌는데, 그렇게 많은 눈을 가진 동물은 없어요.

세상에서 유럽남방장수풍뎅이만큼 힘이 센 곤충은 없어요. 이 장수풍뎅이는 무거운 물건을 들어 올리는 세계 챔피언이에요. 이 딱정벌레는 자기 몸무게의 최대 850배를 너끈히 끌 수 있어요. 사람이 장수풍뎅이만큼 힘이 세다면, 아프리카코끼리 열두 마리를 들어 올릴 수 있을 거예요.

장수풍뎅이

자연으로 탐험을 떠나요 | 111

타이탄하늘소

세상에서 가장 큰 딱정벌레 챔피언은 둘이에요. 하나는 몸길이가 17cm인 헤라클레스장수풍뎅이로 날개까지 펴면 22cm에 달해요. 다른 하나는 같은 크기의 타이탄하늘소인데, 둘 다 중앙아메리카와 남아메리카의 열대우림 출신이에요. 이런 거대한 딱정벌레의 애벌레 역시 그 크기가 대단해요. 헤라클레스장수풍뎅이 애벌레는 길이가 20cm로 초콜릿 한 판과 맞먹고, 타이탄하늘소 애벌레는 심지어 25cm예요.

세상에서 가장 긴 곤충은 골리앗스틱대벌레예요. 몸길이가 57cm로, 우산대와 비슷한 길이에요. 이 곤충은 열대지역인 보르네오섬에 살고 대나무 가지처럼 생겼어요.

골리앗스틱대벌레

세상에서 가장 작은 곤충은 그 크기가 겨우 연필심 끄트머리 정도예요. 이 난쟁이 말벌의 이름은 마이크로총채벌(Dicopomorpha)이고 코스타리카에 살아요. 어른 마이크로총채벌은 아무것도 먹지 않고, 애벌레는 다듬이벌레의 알과 애벌레를 먹어요.

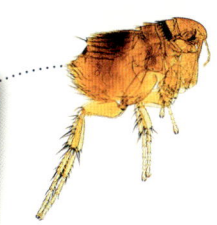

놀라운 사실!

멀리뛰기 세계챔피언은 벼룩이에요. 벼룩은 도움닫기 없이 50cm를 뛰어요. 여러분이 벼룩의 기록을 깨려면, 한 번에 축구경기장 세 개 길이를 뛰면서 190미터 높이까지 뛰어올라야 해요. 190미터면 빌딩 50층 높이에요.

© 2017 Franckh-Kosmos Verlags-GmbH & Co. KG. Stuttgart. Germany
Original title: Oftring, Kosmos Kindernaturführer. Was krabbelt denn da?
All rights reserved.
No part of this book may be used or reproduced in any manner
whatever without written permission, except in the case of briet quotations
embodied in critical articles or reviews.
Korean Translation Copyright © 2024 by Saenggakuijip
Published by arrangement with Franckh-Kosmos Verlags-GmbH & Co. KG
through BC Agency, Seoul.

이 책의 한국어 판 저작권은 BC에이전시를 통해
저작권자와 독점계약을 맺은 생각의집에 있습니다. 저작권법에 의해
한국 내에서 보호를 받는 저작물이므로 무단전재와 복제를 금합니다.

초판 1쇄 발행 2024년 7월 10일
지은이 ★ 코스모스 출판
옮긴이 ★ 배명자
펴낸이 ★ 권영주
펴낸곳 ★ 생각의집
디자인 ★ design mari
출판등록번호 ★ 제 396-2012-000215호
주소 ★ 경기도 고양시 일산서구 중앙로 1455
전화 ★ 070·7524·6122
팩스 ★ 0505·330·6133
이메일 ★ jip2013@naver.com
ISBN ★ 979-11-93443-12-5 (76490)

품명 어린이 도서	제조년월 2024년 7월	
사용연령 4세 이상	제조자명 생각의집	
제조국 대한민국	연락처 070-7524-6122	
주소 경기도 고양시 일산서구 중앙로 1455		
주의사항 종이에 베이거나 긁히지 않도록 주의하세요.		
KC마크는 이 제품이 공통안전기준에 적합하였음을 뜻합니다.		